Reinos en Conflicto

SISTEMA DE DIOS *VS* SISTEMA DE HOMBRE

Efraim Valverde II
www.evalverde.org

Publishing House *Vía letras*

San Diego, California, U.S.A.

Reinos en Conflicto

Por Efraim Valverde II

Publishing House *Vía letras*

Una compañía de Restoration Ministries Worldwide
480 Island Breeze Ln.
San Diego, California 92154
www.evalverde.org
www.reinosenconflicto.com
(619) 900-7277

Diseñio de interior y adaptación de cubierta:

©2014 BookDesign *Vía letras*

Para ordenar libros en cantidades mayores,
favor de comunicarse a www.evalverde.org
480 Island Breeze Lane
San Diego, California 92154
(619) 900-7277

Reinos en Conflicto -Efraim Valverde II - Primera edición
ISBN-13: 978-0692205754
Las referencias bíblicas han sido tomadas de la Santa Biblia Reina-Valera Antigua Versión 1602; y Reina-Valera 1960.

Índice

Dedicatoria

Dedico este libro a mi amada esposa Irene, quien sin cesar me apoyó en todos los sentidos posibles para terminar esta obra. Desde el principio hasta el fin y, desde una punta a la otra, estuvo siempre a mi lado; ella preparaba y modificaba el ambiente, para que yo pudiera trabajar sin interrupciones. Además de todas las deliciosas comidas, que me traía al escritorio para que no perdiera tiempo en levantarme de mi tarea, también fue mi ángel de la guarda que luchaba siempre por mi privacidad y quietud. Así, con esa misma ayuda, ¡pienso seguir escribiendo el resto de mi vida! Te quiero y te aprecio desde el fondo de mi corazón, mi amor.

Agradecimientos

Mi inmensa gratitud es dirigida a mi Dios, a quien reconozco con profunda humildad, como la fuente de mi inspiración literaria. Las ideas y conceptos han sido derivados del corazón de mi Padre celestial. Su incesable amor e infinita paciencia conmigo, cuando muchas veces permití que la tiranía de lo urgente sobrepujara y dominara lo más importante, me dio la oportunidad de sentarme a meditar y escribir. Gracias, Abba mío, por tu inefable amor. ¡Ciertamente, son nuevas cada mañana tus misericordias, y tu fidelidad es eterna!

Prefacio

El proceso que me llevó escribir, corregir y preparar esta obra, para lanzarla a la primera impresión, ha sido una larga y ardua jornada; pero gracias a Dios que él ha provisto los medios necesarios para llevarla a cabo. ¡Es una historia en sí misma!, y pudiera escribir un libro sólo sobre este largo proceso. Que el Señor bendiga en abundancia al corrector, mi estimado hermano Hugo Navarrete, a quien Dios puso en mi camino al tiempo preciso para hacer el trabajo de corrección de estilo, conceptos, gramática y ortografía.

Estoy, también, muy agradecido por la motivación constante de mi hijo Jonathan y mi esposa Irene, para escribir todo aquello que Dios ha puesto en mi corazón. Tengo la firme convicción de que este primer libro hizo brecha y ha abierto la puerta para que salgan a la luz los siguientes temas: profecía, doctrina, intercesión y la estructura bíblica para la familia. ¡Bienvenidos, pues, a nuestra casa literaria!

Reconocimientos

Edición: Restoration Ministries Worldwide
Corrección: Hugo Navarrete Vargas
Diseño de portada e interior: Iván Giovani López
Aportaciones: Pastores Juan Flores,
Celerino de Jesús Sánchez, y Alfredo Cruz.

www.evalverde.org
www.reinosenconflicto.com

Introducción

Transcurría el año 1984, cuando en el viejo Templo Filadelfia de la calle Market, en Salinas, California, experimentamos un avivamiento y poderoso derramamiento del Espíritu Santo, que duró por casi tres años. Este mover extraordinario de Dios, brotó y fluyó como resultado de nuestras necesidades y aflicciones, pues al ver las pruebas y dificultades que nuestra familia sufría, la iglesia fue movida a orar intensamente por nosotros. Los frutos, de esta experiencia sobrenatural, fueron un gran crecimiento numérico, y un cambio radical en las vidas de todos los miembros de la congregación.

Mi esposa Irene y yo, como no teníamos un seguro que cubriera nuestros gastos médicos en los Estados Unidos, viajamos a Tijuana, B.C., durante los inicios de este avivamiento espiritual, para que ella recibiera tratamiento médico, ya que se le había diagnosticado un tumor en la cicatriz de una cirugía que previamente se le había practicado. Llegamos al hospital El Prado, donde fuimos atendidos generosamente por mi prima, la Doctora Alicia Valverde Meléndez. Aparte de los problemas de salud de mi esposa, yo también batallaba con un grave problema de mi vista. ¡Sentíamos que el mundo se nos venía encima! Por un milagro de Dios, ella salió bien de la cirugía y, aproximadamente un mes después, regresamos contentos a casa; agradecidos con el Señor por todo lo que él había hecho por nosotros.

Fue en esos días, que recibí, de parte de Dios, una serie de nuevas enseñanzas que impactaron espiritualmente a la congregación; y, además, éstas movieron a mi padre a decirme: "Hijo, el Señor te irá dando mayor entendimiento y revelación sobre las Escrituras. No tengas miedo de recibir y compartir aquello que cause controversia o vaya contra la corriente, pues muchos se quedan estancados en lo que aprendieron en sus organizaciones, o lo que sus líderes les enseñaron; y piensan que eso es todo lo que Dios puede revelar. Cierran sus mentes, sin permitir la enseñanza de algo nuevo o más amplio de lo que, comúnmente, conocen; olvidan que Dios es vasto y soberano, y que no podemos encerrarlo en 'nuestros corrales.' Recuerda, hijo, lo que te digo, y no olvides darle siempre todo el crédito a Él." (El concepto de lo que él me dijo en aquella ocasión, quedó grabado en una de las pasadas ediciones de la revista Maranatha, donde mi padre escribió sobre el temor de muchos, que no creen que Dios pueda dar más revelación de lo ya recibido).

Al emprender la tarea de escribir sobre este tema, no puedo menos que recordar las palabras de mi padre… y de esa manera lo hago: con un reconocimiento pleno de que todo entendimiento viene de arriba. Esta búsqueda nos ha traído a este punto, y nos han costado muchas lágrimas, malos entendidos y rechazos. Llevamos las marcas de un largo conflicto, unas ya sanas, y otras todavía en proceso de ser curadas; pero siempre consolados y confiados en nuestro Dios, porque éste es el proceso que él utiliza para hacernos vasos útiles, pues en su Palabra está escrito: "Y me ha dicho: Bástate mi gracia, porque mi potencia en la flaqueza se perfecciona. Por tanto, de buena gana me gloriaré más bien en mis flaquezas, porque habite en mí la potencia de Cristo. Por lo cual me gozo en las flaquezas, en afrentas, en necesidades, en persecuciones, en angustias por Cristo; porque cuando soy flaco, entonces soy poderoso" (II Corintios 12:9). "Mas nosotros tuvimos en nosotros mismos sentencia de muerte, para que no confiemos en nosotros mismos, sino en Dios que resucita a los muertos" (II Corintios 1:9).

Una comprensión, iluminación o una nueva revelación de Dios, no siempre armonizan con las creencias, conceptos y doctrinas populares; pues cuando así sucede, no podemos evitar que se produzcan conflictos y tensiones. Lo importante es que estos conflictos y tensiones se desarrollen a nivel de las creencias y conceptos, y no a nivel personal entre los protagonistas, como normalmente sucede. La meta es que, en medio de esta tensión, luchemos por guardar la comunión y armonía entre los hermanos. Estamos conscientes de que aún no lo hemos logrado, pues precisamente, por causa de las divergencias doctrinales, son múltiples las contiendas, conflictos y divisiones que afligen hoy al pueblo de Dios.

Estas divergencias doctrinales nos presentan dos escuelas de pensamiento sobre el tema en cuestión: los que creen en la nueva revelación, y quienes se oponen a ella. Ambos tienen el derecho de exponer sus convicciones, pero sin convertirse en enemigos. "Ahí está el detalle," dijo cierto personaje mexicano, y éste es el detalle que, tristemente, no se ha podido superar. En ocasiones una o la otra parte muestra algo de madurez espiritual, pero la mayoría de las veces los dos partidos se levantan en armas, condenándose el uno al otro. Admitimos que, cuando existen divergencias sobre ciertas posiciones teológicas o doctrinales, no es una tarea fácil sobrellevarse los unos con los otros; pero si el creyente comprende, que él es identificado como hijo de Dios, primordialmente por el amor que muestra a sus hermanos, entonces se humilla y baja sus armas carnales y terrenales. Por tanto, cuando lleguen las respuestas a nuestras oraciones por una gran sanidad espiritual y emocional en el pueblo de Dios, experimentaremos la tan anhelada reconciliación entre los diversos segmentos de los creyentes, y no podremos menos que exclamar: ¡Mira lo que ha hecho Dios! ¡A él sea toda la honra y gloria! ¡Y ninguna carne se jactará, pues nos gloriaremos sólo en el Señor! "En esto conocerán todos que sois mis discípulos, si tuviereis amor los unos hacia los otros" (Juan 13:35).

En las epístolas del apóstol Pablo a los Corintios, vemos que aunque un movimiento religioso (en este caso una congregación local) sea prosperado numéricamente (50 a 60 mil creyentes en Corinto), posea los dones del Espíritu, incluyendo el hablar en otras lenguas y profetizar; aunque sean enriquecidos en toda ciencia, tengan revelación y fe; no quiere decir que por eso ya sean maduros. Más aún poseyendo todos estos dones, Pablo los describe como a carnales y a niños en Cristo (I Corintios 3:1-4). ¿Por qué? ¡Por las contiendas y divisiones que había entre ellos! "Quiero decir, que cada uno de vosotros dice: Yo cierto soy de Pablo, pues yo de Apolos, y yo de Cefas, y yo de Cristo" (I Corintios 1:12).

Desafortunadamente, las cosas no han cambiado mucho después de dos mil años, pero toda esta situación tiene un remedio; y este remedio es la medicina que nuestro Dios ha utilizado siempre con su pueblo en el transcurso del tiempo. En los siguientes capítulos, elaboraremos un poco más sobre este "santo remedio." Confío que el Señor iluminará los corazones con la verdad de su Palabra, y con los razonamientos deducidos de ella misma.

Cuando llegamos al final de una búsqueda, para comprender y entender la verdad acerca de cierto tema, nos damos cuenta que la verdad descubierta choca con las ideas, creencias y tradiciones altamente estimadas y aceptadas. Este encuentro y conflicto entre ideas y creencias, que derrumban las doctrinas antes aceptadas, producen el establecimiento de una nueva plataforma, con nuevos y redefinidos conceptos propios de la iconoclasia.

Permítanme explicar esta palabra y concepto. Iconoclasta es una palabra compuesta de dos términos griegos: "Icono, imagen y klastes, quebrar. Un quebrador o destructor de imágenes, especialmente aquellas que son puestas para veneración religiosa. Uno que ataca o destruye creencias y tradiciones altamente estimadas basadas en error." (Yo vengo de tal línea, pues mi padre fue un iconoclasta). No es necesariamente una acción mala o negativa; todo depende de la perspectiva o punto de vista del observador. Si es de los que aceptan y creen en la nueva revelación, dirá: "¡Gloria a Dios!" Pero si es de los que se oponen a ella, es más seguro que diga: "¡Esto es del diablo!"

Por razón de las buenas experiencias, mencionadas líneas más arriba y, a pesar de aquellas no tan agradables, he sido impulsado a buscar y a perseguir un conocimiento más amplio y claro sobre el Sistema de Dios: tema que es bien conocido en nuestro ambiente y círculo de influencia. También estoy convencido de que los conflictos y aflicciones que hemos experimentado, han producido cambios para la madurez y el crecimiento de nuestras personas. Estoy convencido de que esto nunca hubiera ocurrido, si no hubiéramos pasado por el valle de sombra, y por el fuego de la aflicción.

Por tanto, en las siguientes páginas de este libro, me propongo compartir lo que, por la gracia de Dios, he recibido y comprendido sobre este importante tema. Creo que habrá una variedad y diversidad de reacciones y emociones, pues así es el proceso de la iconoclasia. No obstante, prosigamos juntos para identificar, escudriñar, examinar y definir, basados en las Sagradas Escrituras, el sistema del gobierno de Dios.

CAPÍTULO UNO

El reino de Dios, ¿presente o futuro?

Algunos teólogos han argumentado, que el reino de Dios será establecido en el futuro; y que esto ocurrirá durante la segunda venida de Cristo. Otros afirman, que dicho Reino está aquí, y presente en nuestro tiempo. Por lo tanto, es importante que, desde el inicio de nuestro escrito, determinemos cuál posición es la correcta. ¿El reino de Dios está ya entre nosotros, o ha de venir? ¿Es un reino presente o futuro? *La respuesta es ambas cosas:* esperamos un reino perfecto, completo y literal, cuando aparezca el Señor Jesucristo en su segunda venida; pero también creemos en un reino presente aquí y ahora. Examinemos, pues, en primer lugar, las escrituras que hablan de *un reino futuro*, y después las que establecen la veracidad del reino de Dios aquí y ahora, entre nosotros.

"Os digo que vendrán muchos del oriente y del occidente, *y se sentarán* con Abraham, Isaac y Jacob, en el reino de los cielos" (Mateo 8:11).

"Y él le dijo: ¿Qué quieres? Ella le dijo: Di *que se sienten* estos dos hijos míos, uno a tu mano derecha, y el otro a tu izquierda, en tu reino" (Mateo 20:21).

"Y os digo, que desde ahora no beberé más de este fruto de la vid, *hasta aquel día,* cuando lo he de beber de nuevo con vosotros en el reino de mi Padre" (Mateo 26:29; Marcos 14:25).

"Allí será el llanto y el crujir de dientes, *cuando viereis* a Abraham, y a Isaac, y a Jacob, y a todos los profetas en el reino de Dios, y vosotros excluidos. Y vendrán del Oriente y del Occidente, del Norte y del Mediodía, *y se sentarán* a la mesa en el reino de Dios" (Lucas 13:28, 29).

"Así también vosotros, *cuando viereis* hacerse estas cosas, entended que está cerca el reino de Dios" (Lucas 21:31).

"Porque os digo que no comeréis más de ella, *hasta que se cumpla en el reino de Dios.* Y tomando el vaso, habiendo dado gracias, dijo: Tomad esto, y partidlo entre vosotros; porque os digo, que no beberé más del fruto de la vid, *hasta que el reino de Dios venga"* (Lucas 22:16 -18).

"Yo, pues, os ordeno un reino, como mi Padre me lo ordenó a mí. Para que *comáis y bebáis en mi mesa en mi reino, y os sentéis sobre tronos juzgando* a las doce tribus de Israel" (Lucas 22:29, 30).

"Y dijo a Jesús: Acuérdate de mí *cuando viniereis a tu reino"* (Lucas 23:42).

"Entonces los que se habían juntado le preguntaron, diciendo:

Señor, ¿*restituirás el reino* a Israel en este tiempo?" (Hechos 1:6).

En estas escrituras, el Señor, clara y enfáticamente, habla de *un reino futuro*. La mayoría del pueblo de Israel no supieron distinguir entre la venida del Mesías sufrido, y la del Mesías triunfante; batallaron para comprender la distinción entre el reino de Dios, que había llegado a ellos, y el futuro reino literal. Esto también ha sucedido entre nosotros, pues hemos reducido y relegado el reino de Dios solamente al futuro, ignorando la realidad y el poder de su Reino presente.

Un Reino manifestado y presente

Así como son claras las escrituras que hablan de un reino futuro; también lo son las que nos hablan del *Reino presente y entre nosotros*. Además, hubo quienes lo vieron, lo entendieron y lo experimentaron en vida. Por esa razón, el Señor Jesucristo dijo a sus discípulos: "Más bienaventurados vuestros ojos, porque ven; y vuestros oídos, porque oyen" (Mateo 13:16). Su reino es invisible; sin embargo, la presencia de este reino es hecha evidente por su impacto y resultados. El Señor dijo: "Y si por el Espíritu de Dios yo hecho fuera los demonios, ciertamente *ha llegado a vosotros* el reino de Dios" (Mateo 12:28; Lucas 11: 20).

En cierta ocasión un escriba entendido, dijo al Señor: "Bien, Maestro, verdad has dicho, que uno es Dios, y no hay otro fuera de él; y que amarle de todo tu corazón, y de todo entendimiento, y de toda el alma, y de todas las fuerzas, y amar al prójimo como así mismo, más es que todos los holocaustos y sacrificios. Jesús entonces, viendo que había respondido sabiamente, le dice: *No estás lejos del reino de Dios…*" (Marcos 12:32-34). ¡Por poco entraba al reino! Pero no es suficiente "*casi*" entrar.

Es necesario ver y entrar al reino, pues así se lo declaró el Señor a Nicodemo: "De cierto, de cierto te digo, que el que no naciere de agua y del Espíritu, *no puede entrar en el reino de Dios"* (Juan 3:5). Otro personaje bíblico, que también "por poco" se persuadía, en su encuentro con el apóstol Pablo, fue el rey Agripa II. "¿Crees, rey Agripa, a los profetas? Yo sé que crees. Entonces Agripa dijo a Pablo: Por poco me persuades a ser cristiano" (Hechos 26:27, 28). ¡No es suficiente estar cerca, casi ser cristiano, o casi entrar en el reino! ¡Es necesario *buscarlo, entrar y permanecer* dentro del reino de Dios!

"Mas buscad primeramente el reino de Dios y su justicia, y todas estas cosas os serán añadidas" (Mateo 6:33).

"Mas id antes a las ovejas perdidas de la casa de Israel. Y yendo, predicad, diciendo: *El reino de los cielos se ha acercado.* Sanad enfermos, limpiad leprosos, resucitad muertos, echad fuera demonios; de gracia recibisteis, dad de gracia" (Mateo 10:6-8).

"Desde los días de Juan el Bautista hasta ahora, *el reino de los cielos sufre* violencia y los *violentos lo arrebatan* (lo toman por fuerza)" (Mateo 11:12).

"Y a ti *daré las llaves del reino de los cielos*; y todo lo que ligares en la tierra será ligado en los cielos; y todo lo que desatares en la tierra será desatado en los cielos" (Mateo 16:19).

"Mas ¡ay de vosotros, escribas y fariseos, hipócritas! Porque *cerráis el reino de los cielos* delante de los hombres; que ni vosotros entráis, ni a los que están entrando dejáis entrar" (Mateo 23:13).

"Y viéndolo Jesús, se enojó, y les dijo: Dejad a los niños venir, y no se lo estorbéis; porque de *los tales es el reino de Dios*" (Marcos 10:14).

"Y sanad a los enfermos que en ella hubiere, y decidles: *Ha llegado a vosotros el reino de Dios*. Mas en cualquier ciudad donde entrareis, y no os recibieren, saliendo por sus calles, decid: Aun el polvo que se nos ha pegado de vuestra ciudad a nuestros pies, sacudimos ante vosotros. Esto empero sabed, que *el reino de los cielos ha llegado* a vosotros" (Lucas 10: 9 -11).

"Mas *procurad el reino de Dios*, y todas estas cosas os serán añadidas. No temáis, manada pequeña; porque al Padre *ha placido daros el reino*" (Lucas 12: 31, 32).

"Yo Juan, vuestro hermano, y *participante* en la tribulación y en *el reino*, y en la paciencia de Jesucristo, estaba en la isla llamada Patmos, por la palabra de Dios y el testimonio de Jesucristo" (Apocalipsis 1:9).

"*Que el reino de Dios no es* comida ni bebida, sino justicia y paz y gozo por el Espíritu Santo" (Romanos 14:17).

"Así que, *tomando* (tiempo presente) *el reino inmóvil*, retengamos la gracia por la cual sirvamos a Dios agradándole con temor y reverencia" (Hebreos 12:28).

"Vosotros, pues, oraréis así: Padre nuestro que estás en los cielos, santificado sea tu Nombre. *Venga tu reino*. Sea hecha tu voluntad, como en el cielo, así también en la tierra" (Mateo 6:9, 10).

Hemos visto, en los versículos anteriores, que la sanidad de los enfermos y la liberación de los poseídos por espíritus inmundos, son evidencias irrefutables de que el reino de Dios había llegado. En la oración modelo del Señor, hacer su voluntad aquí en la tierra, como en el cielo, nos convierte en una prueba viviente de que su reino aún permanece entre nosotros. "Que nos ha librado de la potestad de las tinieblas, *y trasladado al reino de su amado Hijo;* en el cual tenemos redención por su sangre, la remisión de pecados" (Colosenses 1:13). Somos redimidos, y estamos bajo su gobierno. Precisamente, éste es el asunto relevante que ocupa nuestra atención en este escrito: ¡El reino de su amado Hijo!

Discerniendo el Reino

¿Nos damos cuenta de la prominencia del mensaje del reino de Dios en el ministerio del Señor Jesucristo? Pues lo inició, diciendo: "El tiempo es cumplido, y el *reino de Dios está cerca;* arrepentíos, y creed al evangelio" (Marcos 1:15); y lo finalizó, hablándoles del mismo Reino. "A los cuales, después de haber padecido, se presentó vivo con muchas pruebas indubitables, apareciéndoles por cuarenta días, *y hablándoles del reino de Dios*" (Hechos 1:3). Según Lucas, el médico amado, después de haber investigado con diligencia todas las cosas desde su origen, y escribiéndoselas por orden al excelentísimo Teófilo, registró la importancia que el Maestro le dio a dicho tema. Obviamente, estas palabras impactaron a los discípulos, pues leemos en el verso seis del mismo capítulo: "Entonces los que se habían juntado le preguntaron, diciendo: Señor, *¿restituirás el reino a Israel en este tiempo?"* Ellos ignoraban el verdadero enfoque y, de esta manera, demostraron que la tendencia humana es poner la mira primero en lo tangible y visible. No supieron hacer la distinción entre *el reino presente y el reino futuro*, y se enfocaron en lo aparente y humanamente más obvio: el reino futuro, literal y físico.

El enfoque correcto

El Señor Jesucristo no negó que habría una restauración del reino a Israel en un tiempo futuro; pero sí reenfocó y canalizó a sus discípulos para la tarea del reino presente, diciéndoles: "No toca a vosotros saber los tiempos o las sazones que el Padre puso en su sola potestad. Mas recibiréis la virtud del Espíritu Santo que vendrá sobre vosotros; y me seréis *testigos* en Jerusalem, y en Judea, y Samaria, y hasta lo último de la tierra" (Hechos 1:7, 8). Ésta fue y sigue siendo la prioridad: ocuparse en *la gran comisión* que se les había encomendado, de difundir con sus vidas *el reino de Dios,* bajo el poder del Espíritu Santo, en lugar de preocuparse sobre el establecimiento del reino literal. Observemos, pues, la similitud de las palabras del libro de los Hechos con el Evangelio según Mateo. "Y será predicado este *evangelio del reino* en todo el mundo, *por testimonio a* todos los gentiles; y entonces vendrá el fin" (Mateo 24:14). ¡Este *evangelio del reino* no sólo se predica, sino que se practica hasta la muerte si fuere necesario!

Un reino invisible

¿Cómo entender y mirar un reino invisible? Se necesitan ojos y oídos espirituales para mirarlo y entenderlo; porque, primordial y esencialmente, es un reino espiritual. Por esa razón, los líderes religiosos, aunque fueron testigos de su influencia y poder, no pudieron participar de él. "De manera que se cumplió en ellos la profecía de Isaías, que dice: De oído oiréis, y no entenderéis; y viendo veréis, y no miraréis. Porque el corazón de este pueblo está engrosado, y de los oídos oyen pesadamente. Y de sus ojos guiñan; para que no vean de los ojos, y oigan de los

oídos, y del corazón entiendan, y se conviertan, y yo los sane"
(Mateo 13: 14,15).

Las señales visibles y palpables, cuando no existe la visión
espiritual, no son suficientes para que los incrédulos y duros de
corazón entiendan, se conviertan y reciban la bendición del
Señor. Hoy, para reconocer el reino de Dios, también
necesitamos discernimiento; y no decir o preguntar: ¿Está aquí,
o está allá? No viene por observación de elementos visibles, sino
que se requiere verlo con los ojos espirituales de la fe. Entonces
podremos decir: ¡El reino de Dios entre nosotros está! Cristo
dijo: "...el reino de Dios no vendrá con advertencia"
(observación, despliegue visible), "ni dirán: Helo aquí, o helo
allí; *porque he aquí el reino de Dios entre vosotros está"* (Lucas
17:20, 21). ¡El reino se ha acercado: ya llegó, pues lo traje
conmigo, pero no lo palpan ni lo ven; y por eso preguntan si ha
llegado! *Paráfrasis del autor.*

Juan el Bautista, quien preparó el camino del Señor, también
proclamó el mismo mensaje: "Arrepentíos, que el reino de los
cielos *se ha acercado"* (Mateo 3:2).   La expresión *se ha
acercado,* es una declaración enfática de que el reino de Dios es
accesible, y está al alcance de todos. El mismo Señor Jesucristo
confirmó esta verdad, cuando dijo: "Arrepentíos, que el reino de
los cielos *se ha acercado"* (Mateo 4:17).

CAPÍTULO DOS

La importancia de la terminología

Hemos utilizado los términos *sistema de Dios*, para referirnos al gobierno de Dios en la iglesia; *sistema de hombre*, para identificar el gobierno humano en la misma; y por su uso continuo, hemos tomado y aceptado estas expresiones como términos bíblicos. No es necesariamente anti-bíblico o incorrecto usar esta terminología extra-bíblica o teológica, para describir las estructuras de gobierno o ciertas enseñanzas, prácticas, eventos y doctrinas fundamentales. Sin embargo, al descubrir y utilizar la *terminología bíblica,* no sólo evitamos confusión sobre algún tema en particular, sino que aun obtenemos una más amplia y clara comprensión. Para ilustrar este hecho, examinemos algunos ejemplos.

Biblia
La palabra *Biblia* de origen griego, traducida al latín y a las lenguas occidentales, no afecta en lo absoluto usarla, para referirnos a la Palabra de Dios. "La palabra Biblia deriva de Biblos, un pueblo de Fenicia, conocido también por Gebal. Esta ciudad dio su nombre a la planta de papiro. Biblos es la palabra griega correcta para la palabra egipcia papiro. Biblion es la

forma diminutiva del griego biblos. Los latinos tomaron la forma plural biblia, como singular y así su uso pasó a nuestro idioma. "Biblia" es en realidad el plural del diminutivo biblios, el término griego de la palabra papiro de origen egipcio. Por lo tanto, estrictamente, Biblia significa pequeños libros de papiro. En realidad, para nosotros significa la colección de escrituras judías y cristianas aceptadas generalmente por los cristianos como sus Escrituras sagradas." *(Teología del Nuevo Testamento página 13, Frank Stagg, Casa Bautista de Publicaciones).* ¡Obviamente, aunque la palabra Biblia sea extra-bíblica, no es anti-bíblico utilizarla!

Rapto

"El rapto de la Iglesia" es una expresión reconocida y aceptada por casi todo el mundo evangélico; y su uso es tan común, que se ha dado por hecho que es una *frase bíblica.* Así sucede cuando se repite constantemente cualquier terminología. Según el diccionario Mundo de la Lengua Española, la palabra *Rapto* significa: "Retención de persona contra su voluntad, secuestro, robo, *acción de arrebatar."* No obstante, aunque *arrebatar* concuerda con el concepto bíblico del *arrebatamiento,* en nuestra cultura latinoamericana predomina la idea del *rapto,* como un secuestro o robo. Al contrario, cuando utilizamos la terminología bíblica, *arrebatados o nuestro recogimiento a él,* se eliminan tales implicaciones y conjeturas. Por lo tanto, en la Segunda Venida de Cristo, los creyentes seremos recogidos o arrebatados. (No seremos secuestrados o robados). "Empero os rogamos, hermanos, cuanto a la venida de nuestro Señor Jesucristo, y *nuestro recogimiento* a él, que no os mováis fácilmente de vuestro sentimiento, ni os conturbéis ni por espíritu, ni por palabra, ni por carta como nuestra, como que el día del Señor esté cerca" (II Tesalonicenses 2:1). "Luego

nosotros, los que vivimos, los que quedamos, juntamente con ellos *seremos arrebatados* en las nubes a recibir al Señor en el aire, y así estaremos siempre con el Señor" (I Tesalonicenses 4:17).

"La Santísima Trinidad"

Otro ejemplo, para ilustrar lo antes mencionado, es la frase: *"La Santísima Trinidad."* Aunque la expresión no es legítima, con referencia a la Deidad, ha sido utilizada por la iglesia Católica Romana, los protestantes, y aun por la mayoría de las denominaciones evangélicas, para referirse a Dios; y es obvia la confusión que causa, porque se establece en la mente de los oyentes o lectores, la idea de una pluralidad de personas en la Divinidad. Sin embargo, cuando utilizamos la terminología bíblica y sinónima de Dios, es decir, "la Deidad o la Divinidad," no existe tal conjetura.

Según el diccionario Mundo de la Lengua Española, la definición de Deidad o Divinidad, es: "Esencia y características de Dios." La Divinidad o la Deidad son los términos bíblicos para describir la esencia, los atributos y la plenitud de Dios. "Siendo, pues, linaje de Dios, no hemos de estimar la *Divinidad* ser semejante a oro, o plata, o piedra, escultura de artificio o de imaginación de hombres" (Hechos 17:29). "El cual siendo en forma de Dios, *no tuvo por usurpación ser igual a Dios"* *(Filipenses 2:6).* "Porque en él habita toda la plenitud de la *divinidad* corporalmente" (Col. 2:9). Al examinar la palabra *Divinidad* en su debido contexto bíblico, miramos que el apóstol Pablo declara la plena superioridad, y el carácter único y distinto de Dios sobre las imágenes y dioses falsos; y que la *totalidad y pluralidad de rasgos, características y atributos divinos,* residen y habitan en Cristo Jesús, sencillamente porque él es Dios.

Teocracia

Teocracia es otra palabra que usamos, para describir el tipo de gobierno que Dios ha establecido para gobernar a su pueblo. La definición de la palabra *teocracia,* según el Diccionario Ilustrado Océano de la Lengua Española, es: "*Theos,* Dios y *kratos,* dominio. Sistema de gobierno en el que el poder, sometido a la ley divina, es ejercido por los ministros o representantes de Dios." La definición nos declara, que es un gobierno ejercido por autoridad delegada directamente por Dios, y por tanto, absolutamente legítimo; no obstante, lo legítimo que parezca el término *teocracia,* es genérico y se puede aplicar a cualquier sistema de teocracias, ya sean éstas musulmanas o gobiernos teocráticos de diversas religiones, creencias o dogmas paganos.

Todo esto quiere decir, que la palabra *teocracia*, en sí misma, no es una palabra cristiana o bíblica, sino aplicable a cualquier dogma religioso. Ciertamente, el gobierno de Dios es una teocracia, mas no todo sistema teocrático es de Dios. Por eso necesitamos, urgentemente, encontrar la terminología bíblica para obtener una definición específica y clara, porque la palabra *teocracia* no es suficiente. ¿Cuál es, entonces, y en qué consiste esta *teocracia* que llamamos el sistema de Dios, y cómo funciona? ¿En qué forma ejerce Dios gobierno directo, ya que en ambos sistemas, es decir, en los sistemas religiosos de hombres (teocráticos y no teocráticos) y en la *teocracia bíblica,* son igualmente hombres quienes presiden?

El otro lado de la moneda

Al otro lado de la moneda encontramos, irónicamente, lo opuesto: términos bíblicos y legítimos que, quizás hayan perdido su valor en nuestro concepto, o tal vez nos hemos abstenido de utilizarlos, por causa del uso erróneo que se les ha dado por grupos religiosos con doctrinas falsas, que aun niegan la divinidad del Señor Jesucristo.

El reino de Dios

El reino de Dios y el reino de los cielos son frases *sinónimas* importantes y, absolutamente, bíblicas; y serán el enfoque medular del autor en este libro. Probablemente, estos términos han sido distorsionados y devaluados en nuestra mente, cuando menos, en mi opinión, por dos razones. En primer lugar, porque cierto grupo religioso ha utilizado el término el reino de Dios en toda su literatura; y para *"remacharla"* hasta sus templos se denominan "El Salón del Reino." La segunda razón por la cual no hemos usado esta expresión, en su forma debida, es por la mentalidad de que el reino de los cielos es solamente una entidad futura. Sin embargo, aunque la tarea del diablo sea encubrir el verdadero significado de la Palabra de Dios, este término no ha perdido su valor y legitimidad en su debido uso y designación correcta. El enemigo no puede destruir la verdad, pues ésta es indestructible, inerrable e infalible; pero sí ha logrado distorsionarla y tergiversarla. Al enemigo, como podemos ver, le gusta jugar "ping pong" con el mundo religioso, ya sea substituyendo, encubriendo o torciendo la Palabra de Dios.

¿Cuál es el problema?

Regresando al tema inicial, que encabeza esta obra, observemos que los términos legítimos gobierno de Dios o sistema de Dios, aunque extra-bíblicos, no son en sí mismos, motivos de confusión; porque la verdad es que sí existe este sistema o gobierno. ¿Si existe este sistema, entonces cuál es el problema? El problema reside en que estos términos extra bíblicos, aunque legítimos, nos dan una reducida y limitada definición de tal sistema. La terminología bíblica y su definición plena y correcta, nos permitirá establecer un punto de referencia verídico, que nos ayudará, casi automáticamente, a identificar el sistema opuesto o su contra parte, esto es, el sistema de hombre. Al no utilizar la terminología bíblica, formaremos una definición incompleta; y cuando se presentan verdades no completas, se producen confusiones, conjeturas y conclusiones o aplicaciones erróneas.

Como hijos de Dios deseamos residir en el sistema o gobierno de Dios, y no en el de los hombres; sin embargo, si no hemos logrado identificarlos y definirlos con precisión y en su totalidad, sería irónico y trágico encontrarnos viviendo en uno, pensando que estamos en el otro. ¿Qué es, pues, lo que necesitamos hacer para definir con veracidad, claridad y exactitud el *sistema de Dios?* Debemos buscar con diligencia la *terminología bíblica* para este sistema. Empero, antes de hacerlo, necesitamos identificar y definir los factores, elementos y componentes esenciales que integran y forman *un sistema.*

CAPÍTULO TRES

Los componentes de todo sistema y sus definiciones

Es menester e indispensable entender, que *toda* entidad está compuesta de tres componentes o factores básicos. Necesitamos, pues, tener una comprensión plena de estos componentes que forman un sistema, porque si nos faltare uno de ellos, tendríamos un sistema incompleto y, por lo tanto, no verídico. Esto es, precisamente, lo que nos ha sucedido por no haber tomado en cuenta todos los componentes, elementos y factores que forman un sistema o entidad. En este caso, la entidad de suma importancia y el tema medular de esta misma obra, es *el sistema de Dios*. Los tres componentes, elementos o *factores de cualquier sistema*, ya sea éste sencillo o sofisticado, siempre son los mismos, a saber:

1. Su naturaleza: valores, esencia, ética y doctrina fundamental.
2. Su estructura: forma de gobierno o el contenedor.
3. Su propósito: redimir, sanar, restaurar, liberar, reconciliar, salvar, justificar y santificar.

Ahora bien, cuando se combinan los dos primeros componentes o factores básicos, invariablemente producen el tercero, es decir, *su propósito*. Éste es el fin deseado y el resultado dinámico del *sistema de Dios*: una naturaleza piadosa, llena de fe, justa y funcionando conforme al modelo correcto de gobierno que, indefectiblemente, cumplirá con *su propósito*, que es producir poder o virtud para traer salvación, amor, unidad, armonía, liberación, restauración y vida. De la misma manera, *el sistema de hombre* tiene naturaleza, estructura y propósito; pero sólo para producir condenación, odio, destrucción, división, contiendas y muerte. ¡Todo lo opuesto al sistema de Dios!

Si nos enfocáramos sólo en la estructura del *sistema de hombre*, sin darle la debida atención a su naturaleza y a sus valores, produciríamos un retrato incompleto y no verídico de esta entidad. Un ejemplo de todo esto, sería un sistema identificado *sólo o primordialmente* por su estructura jerárquica, basada ésta en rangos, títulos, constituciones, reglamentos, elecciones, mesas directivas, etcétera. Esto nos obligaría llegar a la conclusión simple y errónea de que el *sistema de Dios* consiste, lógica y sencillamente, en lo opuesto: ninguna estructura jerárquica, ningunos rangos, no elecciones por votación popular; y ninguna organización, ni títulos. Aunque esta lista aparenta abarcar todos los aspectos de un sistema humano, en realidad es muy reducida y superficial y, por lo tanto, incompleta. Es imperativo, pues, que tomemos en cuenta *todos* los componentes y factores, para identificar y definir esta importante entidad.

Los sistemas, tanto el de Dios como el de hombre, no son identificados y definidos solamente por elementos y rudimentos visibles, palpables y exteriores. Lo espiritual e invisible siempre predomina, y determina lo que ocurre en el mundo físico, tangible y visible. La naturaleza espiritual es tan potente, que aun puede existir y funcionar fuera de su designada y apropiada estructura; y la misma palabra de Dios, es la que se ocupa en establecer la *primacía y superioridad* de lo espiritual sobre el mundo físico y material. ¡Por esta razón, es imperativo descubrir la definición bíblica del *gobierno de Dios!* Para poder definir específicamente y con precisión el sistema o gobierno de Dios, necesitamos localizar y acertar la terminología bíblica. Una vez establecida esta base, podremos también identificar, con precisión, el sistema opuesto, que es el sistema o gobierno de hombre. La terminología bíblica, pues, nos dará luz para encontrar una definición clara, correcta, completa y precisa del sistema de Dios. "Lámpara es a mis pies tu palabra, y lumbrera a mi camino... El principio (la exposición) de tus palabras alumbra, hace entender a los simples. (Salmos 119:105, 130).

La importancia de la ubicación

Si ubicamos la estrella del Norte, y la establecemos como nuestro punto de referencia, automáticamente podremos identificar los demás puntos cardinales; pero si nos equivocamos en la identificación de dicha estrella, lógicamente también erraremos con relación al Sur, Este y Oeste. (Así es como se conducían los viajeros y los navegantes del tiempo pasado, antes que se inventaran las brújulas). Igualmente, si no logramos establecer la base correcta, para identificar el sistema de Dios, también nos equivocaremos en identificar y definir el sistema de hombre, que es el modelo negativo y opuesto al de Dios. Como dice el dicho popular: "Se nos revolverán las papas con los camotes." Por esta causa, es indispensable estar bien ubicados para evitar *nortearnos*. Si logramos aplicar apropiadamente este principio, podremos establecer un punto de referencia cabal, verídico e íntegro del gobierno de Dios, y ubicar con claridad la identidad de su contra parte, a saber, el "sistema de hombre."

Las buenas intenciones

Cuando los líderes religiosos utilizan, en particular, la democracia o una mezcla de ella con cualquiera de los sistemas políticos, para administrar y dirigir al pueblo de Dios, siempre se presentará un retrato parcial y distorsionado de la iglesia como el cuerpo de Cristo. Cuando una entidad o movimiento religioso es organizado, estructurado y administrado en tal forma, *facilita y fomenta* las rivalidades, contiendas, envidias, manipulación, intimidación, tiranía y control injusto. Precisamente, éstas son las características de un sistema de hombre y, aunque estos rasgos negativos (las obras de la carne) no son necesariamente originados, concebidos, ni dados a luz por la estructura misma, siempre reflejan la concupiscencia y naturaleza humana. Por ese motivo, no necesitan una estructura particular para fomentarse. Son valores, elementos o factores espirituales negativos, que pueden brotar como las yerbas silvestres brotan en cualquier campo o terreno. Las buenas intenciones, en sí mismas, no son suficientes para establecer un sistema justo; se necesita conocer, integrar y cultivar la esencia, establecer la estructura, y cumplir así con su propósito. Este punto es significativo, y lo estudiaremos cuidadosamente en el desarrollo de este escrito.

CAPÍTULO CUATRO

El sistema del gobierno de Dios, ¡es el reino de Dios!

El sistema de gobierno, que Dios ha establecido para gobernar a su pueblo, no sólo se llama el reino de Dios, sino que, de acuerdo a las Escrituras, ¡es el *reino de Dios!* Ésta *es* la *terminología bíblica* para dicho sistema. Aparentemente, es una aclaración y definición sencilla, pero con implicaciones profundas. Es el mismo Reino presente y actual que citamos en el primer capítulo de este libro

¿Qué es, *en esencia,* y cómo identificar, según las Escrituras, *el reino o sistema de Dios*? ¿Cómo sabremos, con seguridad, si lo que estamos mirando o viviendo es su sistema o su gobierno? Las respuestas correctas a dichas preguntas son de suma importancia, pues ellas nos ayudarán a reconocer, con toda seguridad, la identidad plena y entera del Reino, abriéndonos así el camino para ver, entrar y permanecer en el reino de Dios. Cuando entendemos o se nos revela el secreto, se acaba el misterio. Las cosas ahora se simplifican y se aclaran. "Y él respondiendo, les dijo: Porque a vosotros es concedido saber los misterios (secretos) del reino de los cielos; mas a ellos no es concedido" (Mateo 13:11).

Las Sagradas Escrituras hacen declaraciones irrefutables, y nos proporcionan un vasto, amplio y preciso diccionario para descubrir, entender y definir el *sistema de Dios, como sinónimo del reino de Dios o el reino de los cielos.* Examinemos, pues, la definición del sistema de Dios a la luz de esta revelación: "Porque el reino de Dios (*el sistema de Dios*) no es comida ni bebida, **sino justicia, paz y gozo por el Espíritu Santo"** (Romanos 14:17). "Porque el reino de Dios no consiste en palabras, **sino en poder***" (I Corintios 4:20). ¿El reino de Dios... *es* qué? *¡Es* justicia, paz, gozo y poder! También está escrito: "Mas buscad primeramente el reino de Dios y su justicia..." (Mateo 6:33). El reino de Dios es identificado, prominentemente, por su *justicia.* Es un sistema justo, en el cual hay gozo, paz, poder, y todo el fruto del Espíritu. (Gálatas 5:22 y 23). Estas cualidades son su misma esencia o naturaleza, manifestada por las actitudes y acciones de los hijos del Reino.

Expandiendo las cualidades

Verdad, integridad, rectitud, santidad, honestidad, sinceridad, caridad, fe, misericordia, perdón, compasión, mansedumbre, tolerancia, bondad, paciencia, amor, templanza, valor, esperanza... son la evidencia de las normas, la ética, los preceptos y principios que rigen su Reino; y, además, son el reflejo de la misma naturaleza y carácter de Dios. Entender esto es importante e indispensable, pues somos llamados para que nuestras vidas sean un reflejo de su misma imagen. "Porque a los que antes conoció, también predestinó, para que fuesen hechos conforme a la imagen de su Hijo..." (Romanos 8:29). "Y revestíos del nuevo, el cual por el conocimiento es renovado conforme a la imagen del que lo creo" (Colosenses 3:10). ¡Éste es el propósito eterno de Dios!

Los "valores" opuestos (Las obras de la carne)

En su Reino, Dios prohíbe la injusticia, la rebelión, la tiranía, el pecado, la iniquidad, la maldad, la traición, la malicia, la política, los pleitos, los celos, las iras, las contiendas, el engaño, la opresión, la intimidación, la manipulación, el robo, el fraude, la mentira, las divisiones, el odio, los aborrecimientos, el orgullo, la soberbia, las murmuraciones, los falsos testimonios, las detracciones; el abuso físico, mental, emocional, moral y espiritual, la falta de perdón y las raíces de amargura. Todas estas obras de la carne son la infiltración del *otro* reino al campo de los santos. Estos elementos y *"valores"* constituyen la *naturaleza y esencia* del sistema de hombre.

"Mas tú, oh hombre de Dios, huye de estas cosas, y sigue la justicia, la piedad, la fe, el amor, la paciencia, la mansedumbre. Pelea la buena batalla de la fe, echa mano de la vida eterna, a la cual así mismo eres llamado… Que guardes el mandamiento sin mácula ni reprensión, hasta la aparición de nuestro Señor Jesucristo" (I Timoteo 6:11-14).

Discernimiento

Si rechazamos la estructura piramidal, y nos negamos a estar afiliados con alguna estructura eclesiástica o denominacional, pero fallamos en discernir las cualidades y naturaleza de ambos sistemas *(el fruto del Espíritu y las obras de la carne)*, podemos pensar equivocadamente, que estamos en el sistema de Dios, sin darnos cuenta que, al participar de las injusticias, disensiones, murmuraciones, ofensas, detracciones, falta de perdón, raíces de amargura y *"cosas semejantes a estas,"* estamos participando del sistema de hombre; y en riesgo de establecer residencia en este otro reino. Todo esto es sutilmente peligroso, pues *"los que hacen tales cosas, no heredarán el reino de Dios"* *(Gálatas 5:21).*

CAPÍTULO CINCO

La necesidad de los sistemas y sus estructuras

Cuatro columnas de gobierno

Nuestros hermanos, integrantes de las pequeñas, medianas y grandes organizaciones, que han estructurado el trabajo de la iglesia emulando el sistema de gobierno democrático, reconocen cuando menos técnicamente, que en sus medios el oficio del pastor es el más importante. ¿Por qué? Porque aceptan que el ministerio pastoral siendo por llamado de Dios, es vitalicio; y que todas las posiciones adquiridas por elección democrática, son temporales. Lo espiritual es permanente, y siempre superior a lo material, pues está alineado y de acuerdo con el orden establecido por Dios.

El resultado de las estructuras seculares en la Iglesia

No cabe la menor duda que, cuando se adquieren posiciones de gobierno eclesiástico por elecciones populares y democráticas, se engendran contiendas, políticas, fraudes, celos, rivalidades y envidias. Sutilmente, la codicia se infiltra por adquirir el control y el poder, corrompiendo así las sinceras y buenas intenciones de los que ejercen las posiciones de autoridad. Estos puestos, a base del voto popular, crean un ambiente o atmósfera de competencia feroz por ganar las deseadas y, muchas veces, lucrativas posiciones de poder. Y como resultado de todo esto, se engendran grupos de individuos autoritarios, que llegan a percibirse como élites. En diferentes grados, el ser humano es egoísta y controlador que, cuando se le presenta la oportunidad, tiende a manipular a otros. Por tanto, no es difícil entender que, al estar estructurados en la forma antes mencionada, se institucionaliza el espíritu humano de prepotencia, despotismo, orgullo, arrogancia, superioridad y manipulación. En otras palabras, se construye y utiliza una estructura de gobierno que le queda como *"anillo al dedo"* a nuestra carne.

Este modelo piramidal de origen humano, fue establecido, particularmente, por la Iglesia Católica Romana, e imitado por casi todas las denominaciones protestantes y evangélicas; a tal grado que es aceptado como la forma normal de presidir al pueblo de Dios. El problema es que siempre se comienza con cierta inocencia y buen sentir, pero los que ejercen autoridad, por lo general, terminan haciéndose al molde del sistema, y enseñoreándose "sobre las heredades del Señor" (I Pedro 5:3).

Aclaración

Cuando se descubren las aberraciones de los sistemas religiosos, es lógico y fácil llegar a la conclusión de que sólo en estas estructuras existen la injusticia y el abuso de autoridad; que todo sistema es ilegítimo, destructivo y malo; y que hay que acabar con toda estructura y forma administrativa. Sin embargo, a pesar de lo que el enemigo haga con las estructuras legítimas o ilegítimas, *sigue imperando la necesidad de un sistema para toda entidad e institución aquí en la tierra, incluyendo a la iglesia.* Mas todo depende de qué clase o forma de sistemas estemos hablando, si el de Dios o el de hombre.

Vino nuevo y cueros viejos

"Ni echan vino nuevo en cueros viejos; de otra manera los cueros se rompen, y el vino se derrama, y se pierden los cueros; mas echan el vino nuevo en cueros nuevos, *y lo uno y lo otro se conservan juntamente*" (Mateo 9:17). El vino simboliza la esencia del Espíritu, el mensaje y los valores que dan vida. Los cueros representan el gobierno y la estructura que sostienen y conservan esa esencia. Es fácil entender que los cueros conserven el vino. Pero, ¿cómo preserva el vino al cuero? Lo hace manteniéndolo húmedo y flexible, para que el cuero no se seque ni se rompa, evitando que el vino se derrame. Significa, pues, que la estructura conserva los valores del sistema, y los valores o la esencia preservan y sostienen a la estructura.

Odres nuevos y vino nuevo

El Señor Jesucristo nunca dijo que los odres son innecesarios al tener vino nuevo, sino que era menester *reemplazar los odres viejos,* y poner el vino nuevo en *odres nuevos.* El vino viejo representa la dispensación de la ley, y los odres viejos representaban al sistema de gobierno que sostenía esa dispensación: la geografía o la tierra de Israel, la ciudad de Jerusalem, el templo, el orden levítico, los sacrificios, la ley moral, civil y ritual, los jueces, los profetas y los reyes. (Lucas 5:37,38). En este caso, el Señor se está refiriendo al vino nuevo como símbolo del mensaje de la gracia y del Nuevo Pacto de la ley de Dios, escrita en los corazones tanto de judíos como de gentiles. ¡El vino nuevo demanda odres nuevos! También las Buenas Nuevas (el Evangelio) del Reino, para preservar y conservar su esencia, demandan una nueva estructura de gobierno. El cambio del orden viejo al nuevo orden del Nuevo Pacto, *comienza* con la expansión de la geografía mundial, y no reducida sólo a la tierra de Israel; ahora abarca a toda tribu, lengua y nación. Éstos son los nuevos parámetros geográficos y espirituales de la dispensación de la gracia.

Cuatro columnas de gobierno y autoridad

Existen cuatro columnas de autoridad (el gobierno) establecidas y delegadas por Dios, que sostienen y mantienen a toda la civilización humana (nación, tribu y lengua) en todos los niveles.

1. El gobierno y autoridad civil
2. El gobierno y autoridad social
3. El gobierno y autoridad de la familia
4. El gobierno y autoridad de la iglesia

> ❖ Nota: Hemos ubicado a la familia en el tercer lugar de nuestra lista, no por ser menos importante o inferior a las anteriores, sino al contrario, es la base fundamental de las demás columnas de autoridad.

"Toda alma se someta a las potestades (autoridades) superiores, porque no hay autoridad *sino* de Dios, y las que son, de Dios son *ordenadas.* Así que, el que se opone a la potestad (autoridad), a la *ordenación de Dios* resiste; y los que resisten, ellos mismos ganan condenación para sí" (Romanos 13:1, 2).

"Porque no hay autoridad sino de Dios y las que son, de Dios son ordenadas." Esta expresión afirma que Dios es el autor de todo fundamento legítimo de gobierno, y que son ordenados y

establecidos por él. Si no hubiere gobierno, viviríamos en un estado total de anarquía. Dios no es un Dios de desorden, sino de orden. Que el hombre corrompa y, además, abuse de la autoridad que le es dada, no invalida el hecho y la verdad de que dicha autoridad le ha sido otorgada y delegada por Dios.

Gobierno, autoridad y responsabilidad

La responsabilidad de *toda autoridad* establecida por Dios, es gobernar, administrar, guiar, proteger, educar, instruir, cuidar, dirigir, rendir servicios… Por otra parte, cada una en su propia esfera, también es responsable de disciplinar, castigar y corregir. Por lo tanto, no se puede ejercer una autoridad legítima sin la responsabilidad correspondiente. La razón por la cual Dios demanda que *toda* alma (persona) se someta a todos los niveles de autoridad (no solamente a una o dos), es porque él es el autor y fundador *de todas ellas.* Además, son interdependientes como las cuatro columnas de una mesa.

Autoridad y responsabilidades del gobierno civil

El gobierno civil debe ejercer su autoridad con responsabilidad; establecer el orden y, mediante sus instituciones locales, regionales, estatales y federales, brindar protección y seguridad a sus ciudadanos. También debe salvaguardar, por conducto de sus agencias de inteligencia y fuerzas militares, los intereses de la nación cuando ésta se ve amenazada por factores externos.

Por otra parte, el gobierno civil es responsable de facilitar la educación secular, desde lo más elemental hasta los niveles superiores; construir centros de servicios sociales, centros médicos especializados, hospitales y clínicas; apoyar con programas de jubilación para los ancianos, servicios de bomberos, sistemas de comunicación, y medios de transporte…

Esta enumeración de los deberes no es concluyente, pero nos da una idea de las responsabilidades de un gobierno civil. Con cuánta razón declaran las Escrituras: *"Porque es ministro (servidor) de Dios para tu bien,* mas si hicieres lo malo, teme; porque no en vano lleva el cuchillo (la espada, el arma); porque es ministro (servidor) de Dios para castigar al que hace lo malo. Por lo cual es necesario que le estéis sujetos, no solamente por la ira (por razón del castigo), mas también por causa de la conciencia" (Romanos 13:4, 5).

Pruebas bíblicas sobre el origen del gobierno civil

"Así ha dicho Ciro rey de Persia: *El Señor Dios de los cielos me ha dado todos los reinos de la tierra*, y me ha mandado que le edifique casa en Jerusalén, que está en Judá" (Esdras 1:2).

"Y Daniel dijo: Sea bendito el Nombre de Dios, de siglo hasta siglo; porque suya es la sabiduría y la fortaleza. Y él es el que muda los tiempos y las oportunidades, *quita reyes y pone reyes*, da sabiduría a los sabios y ciencia a los entendidos (Daniel 2:20, 21).

"Tú, oh rey, eres rey de reyes; porque el Dios del cielo *te ha dado reino, potencia, fortaleza y majestad.* Y todo lo que habita, hijos de hombres, bestias del campo, y aves del cielo, *él ha entregado en tu mano, y te ha hecho enseñorear sobre todo ello.* Tú eres aquella cabeza de oro" (Daniel 2:37, 38). También lea Daniel 7:1-7.

"Y viniendo ellos, le dicen: Maestro, sabemos que eres hombre de verdad, y que no te cuidas de nadie; porque no miras a la apariencia de hombres, antes con verdad enseñas el camino de Dios. ¿Es lícito dar tributo a César, o no? ¿Daremos o no daremos? Entonces él, como entendía la hipocresía de ellos, les dijo: ¿Por qué me tentáis? Traedme la moneda para que la vea. Y ellos se la trajeron, y les dice: ¿De quién es esta inscripción? Y ellos le dijeron: De César. Y respondiendo Jesús, les dijo: *Dad lo que es de César a César;* y lo que es de Dios, a Dios. Y se maravillaron de ello" (Marcos 12:14 -17).

"Entonces dísele Pilato: ¿A mí no me hablas? ¿No sabes que tengo potestad para crucificarte, y que tengo potestad (autoridad) para soltarte? Respondió Jesús: *Ninguna potestad tuvieras contra mí, si no te fuese dado de arriba.* Por tanto, el que a ti me ha entregado, mayor pecado tiene" (Juan 19:10, 11).

Es interesante, que las escrituras que acabamos de citar del libro de Daniel y de los evangelios de Juan y Marcos, estén relacionadas con los cuatro imperios mundiales y sus gobernantes. Por ejemplo, Babilonia y Nabucodonosor; Persia y Ciro; Grecia y Alejandro el grande; Roma y los Césares. Esto nos confirma que el gobierno civil es establecido por Dios; y por esa razón, somos instruidos por su palabra a someternos, respetar y orar por nuestros gobernantes, reyes y por todos aquellos que están en posiciones de autoridad. "Amonesto pues, ante todas cosas, que se hagan rogativas, oraciones, peticiones, hacimientos de gracias por todos los hombres; por los reyes y por los que están en eminencia, para que vivamos quieta y reposadamente en toda piedad y honestidad. Porque esto es bueno y agradable delante de Dios nuestro Salvador" (I Timoteo 2: 1, 2)

"Sed pues, sujetos a toda ordenación humana por respeto a Dios: ya sea al rey, como a superior; ya a los gobernadores, como de él enviados para venganza de los malhechores, y para loor de los que hacen bien. Porque esta es la voluntad de Dios: que, haciendo bien, hagáis callar la ignorancia de los hombres vanos; como libres, y no como teniendo la libertad por cobertura de malicia, sino como siervos de Dios. Honrad a todos. Amad la fraternidad. Temed a Dios. Honrad al rey" (I Pedro 2: 13 -17).

Gobierno, autoridad y responsabilidades
de la columna social

La autoridad social es derivada de la misma columna civil, y un segmento de sus responsabilidades también son las suyas. Éstos son: presidentes, directores, administradores, decanos, doctores, enfermeras, profesores, supervisores, manejadores, jardineros, mayordomos, etcétera.

"Siervos, obedeced en todo a vuestros amos terrenales, no sirviendo al ojo, como los que agradan a los hombres, sino con sencillez de corazón, temiendo a Dios. Y todo lo que hagáis, hacedlo de ánimo (de corazón), como al Señor, y no a los hombres; sabiendo que del Señor recibiréis la compensación (recompensa) de la herencia; porque al Señor Cristo servís. Mas el que hace injuria (injusticia) recibirá la injuria (injusticia) que hiciere; porque no hay acepción de personas. Amos, haced lo que es justo y derecho (recto) con vuestros siervos, sabiendo que también vosotros tenéis amo en los cielos" (Colosenses 3:22-4:1).

Gobierno y autoridad de la familia

Reiteramos, pues, que la familia es el componente fundamental y básico de la sociedad, la iglesia, la nación y de la civilización misma. Las siguientes escrituras confirman la autoridad inherente, la cadena de mando y la estructura de esta importantísima columna.

"Y el Señor Dios hizo caer sueño sobre Adán, y se quedó dormido. Entonces tomó una de sus costillas, y cerró la carne en su lugar. Y de la costilla que el Señor Dios tomó del hombre, hizo una mujer, y la trajo al hombre. Y dijo Adán: Esto es ahora hueso de mis huesos, y carne de mi carne; ésta será llamada varona, porque del varón fue tomada. Por tanto, dejará el hombre a su padre y a su madre, y allegarse a su mujer, y serán una sola carne" (Génesis 2: 21-24).

"A la mujer dijo: Multiplicaré en gran manera tus dolores y tus embarazos; con dolor tendrás los hijos; a tu marido será tu deseo, y él se *enseñoreará de ti"* (Génesis 3:16).

"Porque el varón no ha de cubrir la cabeza, porque es imagen y gloria de Dios; mas *la mujer es gloria del varón.* Porque el varón no es de la mujer, sino la mujer del varón. Porque tampoco el varón fue creado por causa de la mujer, sino la mujer por causa del varón. Por lo cual, la mujer debe tener señal de potestad sobre su cabeza, por causa de los ángeles. Mas ni el varón sin la mujer, ni la mujer sin el varón, en el Señor. Porque como la mujer es del varón, así también el varón es por la mujer; empero todo de Dios" (I Corintios 11: 7-12).

"Sujetados los unos a los otros en el temor de Dios. *Las casadas estén sujetas a sus propios maridos,* como al Señor. Porque *el marido es cabeza de la mujer,* así como Cristo es cabeza de la iglesia; y él es el que da la salud al cuerpo. Así que, como la iglesia está sujeta a Cristo, así también *las casadas lo estén a sus maridos* en todo. Maridos, amad a vuestras mujeres, así como Cristo amó a la iglesia, y se entregó a sí mismo por ella, para presentársela gloriosa para sí, una iglesia que no tuviese mancha ni arruga, ni cosa semejante; sino que fuese santa y sin mancha.

Así también los maridos deben amar a sus mujeres como a sus mismos cuerpos. El que ama a su mujer, a si mismo se ama. Porque ninguno aborreció jamás a su propia carne, antes la sustenta y regala, como también Cristo a la iglesia. Porque somos miembros de su cuerpo, de su carne y de sus huesos. Por esto dejará el hombre a su padre, y a su madre, y se allegará a su mujer, y serán dos en una carne. Este misterio grande es; mas yo digo esto con respecto a Cristo y a la iglesia. *Cada uno* empero de vosotros de por sí, *ame también a su mujer como a sí mismo; y la mujer reverencie a su marido"* (Efesios 5:21-33).

"Casadas, estad sujetas a vuestros maridos, como conviene en el Señor. *Maridos, amad a vuestras mujeres,* y no seáis desapacibles con ellas. *Hijos, obedeced a vuestros padres* en todo; porque esto agrada al Señor. *Padres, no irritéis a vuestros hijos, porque no se hagan de poco ánimo"* (Colosenses 3: 18-21).

"Hijos, obedeced en el Señor a vuestros padres; porque esto es justo. *Honra a tu padre y a tu madre,* que es el primer mandamiento con promesa, para que te vaya bien, y seas de larga vida sobre la tierra. Y *vosotros padres, no provoquéis a ira a vuestros hijos*; sino criadlos en disciplina y amonestación del Señor" (Efesios 6:1- 4).

"¿Quién, pues, es el siervo fiel y prudente, al cual puso su Señor sobre su familia para que le de alimento a tiempo?" (Mateo 24:45).

La familia como institución fundamental
Esta institución es la base para las demás columnas de autoridad. El gobierno civil, social y, aun la iglesia misma, son compuestas por la columna base: la familia. Si ésta se debilita, estará en

peligro de desintegrarse o destruirse, poniendo en peligro y causando que las demás bases sufran el mismo fin. Por eso el diablo ha enfocado toda su rabia y todo su arsenal para destruir esta importantísima entidad, la cual es la institución fundamental de la misma civilización humana.

Bajo esta autoridad de la familia se inculcan y se viven los valores fundamentales, tales como el amor, el cariño, la ternura, el respeto, la obediencia, la instrucción y la disciplina. Aquí es donde el padre de familia es responsable de ser el proveedor y protector, pues por eso y para eso lo ha puesto el Señor sobre su familia. "¿Quién, pues, es el siervo fiel y prudente, al cual puso su Señor *sobre su familia para que le dé alimento a tiempo?"* La instrucción bíblica y espiritual, el discipulado cristiano, el apoyo moral, emocional y físico, son prerrogativas del padre como cabeza del hogar. *Ésta es la entidad más frágil y delicada, porque está basada en relaciones íntimamente personales; sin embargo, al igual que la iglesia, es la más potente.*

Concluimos pues, que el orden estructural es un componente necesario para cada columna de autoridad, *pues es la cobertura de protección para sus adherentes.* Para la familia existe el orden jerárquico y patriarcal por medio del padre, como la cabeza; la madre, como la ayuda idónea y, en su debido orden, los hijos según sus respectivas edades. La familia es conservada y preservada por medio de su orden de autoridad y cadena de mando. El reconocimiento, respeto y la sujeción al orden de autoridad (la estructura) conservan y preservan la familia, así como el odre al vino. Obviamente, esto incluye la integridad, rectitud, amor y justicia del padre, como la cabeza de su familia. De otra manera, si no hubiera esta reciprocidad, la entidad corre peligro de debilitarse, desintegrarse o disolverse.

Si ocurre una rotura o grieta en el respeto, reconocimiento y sujeción hacia el padre, la madre o también para cualquiera de los hermanos en su orden de edad, se pierde la esencia; se pierde la armonía, unidad, respeto, amor, ternura, cariño y la paz. Todos estos elementos o cualidades combinados constituyen *la verdadera esencia de una familia*. Si se pierden estos valores, entonces brota todo lo opuesto: la amargura, las sospechas, los celos, el odio, la división, las contiendas, las rivalidades, etc., etc. *"Si se rompe la botella, se tira el agua."* Esta verdad aplica a cada columna de autoridad en su respectiva esfera de influencia. Si nos fijamos bien, al perderse la esencia que preserva a la familia, no queda un vacío sino que se llena el espacio de todo lo opuesto, pues *"la naturaleza aborrece un vacío,"* dice un refrán en inglés. Se llenará de algo, y, lamentablemente, no de lo bueno.

Irónicamente, el reconocimiento de que es indispensable una estructura protectora y preservadora, es lo que ha movido a la mayoría del mundo cristiano a organizarse, y han utilizado *las estructuras de gobierno de hombre*, pero sin darse cuenta a fondo de lo que están haciendo. Lo único que, justamente saben, es que *se necesitan un orden y una estructura* para proteger y preservar la obra de Dios. La mayoría del tiempo se comienza de buena fe, con sinceridad y con muy buenas intenciones; pero, inevitablemente, los odres viejos (las estructuras erróneas y equivocadas) se corroen y se rompen, causando que se tire el vino o la esencia.

La estructura es la cobertura de autoridad delegada por Dios, para dar protección al ser humano en todos los niveles; las coberturas oficiales, legales y temporales, se reservan para las instituciones seculares y humanas. Éstas son coberturas temporales y artificiales; y producen también lealtades temporales y artificiales. Allí sí es correcto esta categoría o tipo de estructuras o coberturas, pues satisfacen las demandas y necesidades de esas instituciones y de sus adherentes. Por eso está escrito, que toda alma se someta a estas autoridades, porque son ordenadas y establecidas por Dios; cada una en su esfera designada y apropiada. Sin embargo, el diseño divino para la iglesia, es que la estructura de gobierno sea una cobertura espiritual, moral y permanente; no una cobertura política, oficial, artificial y temporal por posición electa o por nombramiento humano. En el siguiente capítulo, analizaremos la estructura o el odre adecuado y legítimo, que la iglesia necesita para conservar y preservar la esencia del evangelio y la gracia de Dios en el nuevo pacto.

CAPÍTULO SEIS

La estructura de la iglesia

El odre nuevo

En Efesios 4:11 y 12, el apóstol Pablo señala cinco ministerios mayores, dados dentro del nuevo orden del Nuevo Pacto. "Y él mismo dio unos, *ciertamente apóstoles; y otros, profetas; y otros, evangelistas; y otros, pastores y doctores;* para perfección de los santos, para la obra del ministerio, para edificación del cuerpo de Cristo." *Estos ministerios son los componentes de la estructura y orden de gobierno en la iglesia*; son los nuevos odres para el vino nuevo. Bíblicamente, no son títulos ganados por elección democrática o votación popular. Además, ni son meramente títulos, punto. Son llamamientos dados por Dios, y, por tanto, vitalicios.

Ahora bien, el vino de los nuevos odres no es sólo para una nación (Israel), sino para todas las naciones que creen y reciben el evangelio; formando así un solo pueblo compuesto de toda lengua, tribu, linaje y cultura. Por eso no puede existir un modelo inflexible y rígido de gobierno para todos, y menos sobre la iglesia universal; pues sobre ésta existe sólo una cabeza:

Jesucristo el Señor.

El nuevo odre debe ser flexible, porque tiene que ajustarse o adaptarse a todo tipo de lengua y cultura, incluyendo la situación política de su particular país, pues así lo diseñó el Señor con su infinita sabiduría. Obviamente, este diseño abarca e incluye también al pueblo de Dios en países comunistas y musulmanes; donde, hoy mismo, nuestros hermanos están sufriendo persecución, cárcel y aun la misma muerte, por la palabra de Dios y el testimonio de Jesucristo (Apocalipsis 1:9). Lo flexible y lo fluido de la estructura del Reino permite que la obra de Dios no sólo sobreviva, sino que aun florezca bajo estas terribles circunstancias.

Pluralidad en el liderazgo

No es un solo apóstol, ni un solo profeta, evangelista, pastor o maestro quien dirige a *todo* el pueblo de Dios en el mundo; y por la inmensa diversidad de lenguas, culturas y las situaciones antes mencionadas, ¡eso es imposible! ¿Quién podrá solo alcanzar a todo el mundo? ¿Quién será capaz de llevar tanta autoridad sobre sí, sin corromperse? Pues aún existen organizaciones, "profetas" y "apóstoles" que, de manera absurda, proclaman y reclaman ser la única voz de Dios en la tierra. Ésta es la ridiculez que ostenta el Vaticano, como también un sin número de individuos, grupos y ministerios "cristianos," a quienes no menciono por nombre, pues les daría un reconocimiento y atención indebida e innecesaria. Éstos incautos e ingenuos ignoran que nuestro Dios utiliza la *pluralidad* de los cinco ministerios, para ministrar y perfeccionar a su pueblo. Esta *pluralidad* es con el fin de mantenernos balanceados. ¡Es para protegernos de nosotros mismos! El *peligro* de ser usados por Dios en su Reino, es que *"se nos suba a la cabeza,"* alucinando ser los únicos instrumentos y la *única y exclusiva* voz de Dios a la humanidad.

Una sola cabeza sobre la iglesia Universal

"El poder corrompe; y el poder absoluto corrompe absolutamente." Por esta razón a nadie solo se le ha dado *toda* autoridad, ni *toda* revelación para representar a la iglesia de Cristo; ni existe una sola entidad legítima, dirigida por un solo hombre, que pueda reclamar ser la iglesia; aunque ciertamente hay quienes lo reclaman. ¡Pero son impostores o padecen de profundas ilusiones de grandeza o de un delirante complejo mesiánico! El ser humano no está diseñado para llevar sobre sí este grado de revelación y autoridad. La iglesia universal es el cuerpo de Cristo, y Él es la única y sola cabeza del cuerpo. Esta iglesia es indestructible e indivisible, "…y las puertas del infierno no prevalecerán contra ella" (Mateo 16:18). El Señor Jesucristo es el único líder universal. ¡Él es Rey de reyes, y Señor de señores!

El primer nivel de la iglesia que requiere estructura

"Obedeced a vuestros pastores, y sujetaos a ellos; porque ellos velan por vuestras almas, como aquellos que han de dar cuenta; para que lo hagan con alegría, y no gimiendo; porque esto no es útil" (Hebreos 13:17) "Pablo y Timoteo, siervos de Jesucristo, *a todos los santos en Cristo Jesús que están en Filipos, con los obispos y diáconos…"* (Filipenses 1:1). *"Los ancianos que gobiernan bien,* sean tenidos por dignos de doblada honra; mayormente los que trabajan en predicar y enseñar" (I Timoteo 5:17). El nivel básico de la iglesia, que requiere y demanda estructura, es la *iglesia local.* Ésta tiene líderes delegados por el Señor, para presidir el trabajo local de su pueblo. La estructura bíblica en este nivel es muy importante, pues es constituida por

el liderazgo de esta entidad: *el pastor, los ancianos, diáconos y los padres de familia. ¿Por qué los padres de familia? Porque esta entidad (la iglesia local) es el lugar donde los padres, que son las cabezas y coberturas de sus familias, reciben su cobertura. Es el lugar donde ellos reciben instrucción, y donde deben practicar la obediencia y sujeción.* En este nivel, *el respeto y sujeción a esta estructura de jerarquía bíblica,* indiscutiblemente preservarán la unidad, armonía, unción, poder y función saludable de la iglesia, pues esta jerarquía y cadena de mando es el odre bíblico para la congregación local. Las siguientes escrituras *identifican a la iglesia local,* y ayudan a definir algunas de sus funciones.

- "Y si no oyere a ellos, dilo a la *iglesia.* Y si no oyere a la iglesia, tenlo por étnico (gentil) y publicano" (Mateo 18:17).

- "Y vino un gran temor en toda *la iglesia*, y en todos los que oyeron estas cosas" (Hechos 5:11).

- "Así que, Pedro era guardado en la cárcel; y *la iglesia* hacía sin cesar oración a Dios por él" (Hechos 12:5).

- "Había entonces en *la iglesia que estaba en Antioquía*, profetas y doctores: Bernabé y Simón el que se llamaba Níger, y Lucio Cireneo, y Manahén que había sido criado con Herodes el tetrarca, y Saulo" (Hechos 13:1).

- "Y a la amada Apia, y a Arquipo, compañero de nuestra milicia, y a *la iglesia* que está en tu casa." (Filemón versículo 2).

Los capítulos dos y tres del Apocalipsis hacen referencia *de la iglesia local* en diferentes ciudades de Asia Menor.

"Y escribe al ángel de *la iglesia en Éfeso*...Y escribe al ángel de *la iglesia en Esmirna*...Y escribe al ángel de *la iglesia en Pérgamo*...Y escribe al ángel de *la iglesia en Tiatira*...Y escribe al ángel de *la iglesia en Sardis*...Y escribe al ángel de *la iglesia en Filadelfia*...Y escribe al ángel de *la iglesia en Laodicea"*.

Aunque la iglesia local tiene su propia infraestructura y gobierno, nunca existe aislada o independiente del resto del cuerpo de Cristo, sino que está conectada al gobierno y a la cobertura de la estructura del siguiente nivel.

El segundo nivel que requiere estructura

La agrupación de iglesias, es el segundo nivel que también requiere una estructura. La visión, la estructura y la función de la iglesia local, afectarán y dictarán el enfoque de las asociaciones o fraternidades de iglesias. Desde el principio, Dios estableció la pluralidad del liderazgo en las iglesias de forma muy natural. Estas agrupaciones eran *conjuntos* de iglesias locales de distintas y diferentes culturas y regiones. Por ejemplo, *las iglesias de Judea, Galilea y Samaria; las iglesias de Listra, Iconio y Antioquía; las iglesias de Siria y Cilicia; las iglesias por las ciudades; las iglesias de los gentiles; las iglesias de Cristo; y todas las iglesias en todas partes.* Éstas tenían, en aquel tiempo, *dos cabeceras visibles: Jerusalem y Antioquía;* las cuales eran los dos centros de gobierno y autoridad. Éstas eran su cobertura espiritual, Jerusalem representando el ministerio y predicación del evangelio al pueblo judío; y Antioquia el ministerio a los gentiles. Aunque acompañados de sus colegas y compañeros en estas tareas, dos hombres se destacaron en estos ministerios: Pablo y Pedro. "Antes por el contrario, como vieron que el evangelio de la incircuncisión me era encargado, como a Pedro el de la circuncisión. (Porque el que hizo por Pedro para el apostolado de la circuncisión, hizo también por mí para con los gentiles). Y como vieron la gracia que me era dada, Jacobo y Cefas y Juan, que parecían ser las columnas, nos dieron las diestras de compañía a mí y a Bernabé, *para que nosotros fuésemos a los gentiles, y ellos a la circuncisión"* (Gálatas 2:7-9)

- *"Las iglesias* entonces tenían paz por toda *Judea, Galilea y Samaria* y eran edificadas, andando en el temor del Señor y con consuelo del Espíritu Santo eran multiplicadas" (Hechos 9:31).

- "Y como hubieron anunciado el evangelio a aquella ciudad, y enseñado a muchos, volvieron a *Listra, y a Iconio y a Antioquía,* confirmando los ánimos de los discípulos, exhortándoles que permaneciesen en la fe, y que es menester que por muchas tribulaciones entremos en el reino de Dios. Y habiéndoles constituido ancianos en cada una de *las iglesias,* y habiendo orado con ayuno, los encomendaron al Señor en el cual habían creído" (Hechos 14:21-23).

- "Y anduvo *la Siria y Cilicia,* confirmando a *las iglesias"* (Hechos 15:41).

- "Y como pasaban por las ciudades, les recomendaban que guardasen los decretos que habían sido determinados por los apóstoles y los ancianos que estaban en Jerusalem. Así que, *las iglesias* eran confirmadas en fe, y eran aumentadas en número cada día" (Hechos 16:4,5).

- "Que pusieron sus cuellos por mi vida; a los cuales no doy gracias yo sólo, mas aun todas *las iglesias de los gentiles"* (Romanos 16:4).

- "Saludaos los unos a los otros con ósculo santo. Os

saludan todas las *iglesias de Cristo"* (Romanos 16:16).

- "Por lo cual os he enviado a Timoteo, que es mi hijo amado y fiel en el Señor, el cual os amonestará de mis caminos cuáles sean en Cristo, de la manera que enseño en todas partes en *todas las iglesias"* (I Corintios 4:17).

- "Empero cada uno como el Señor le repartió, y como Dios llamó a cada uno, así ande. Así enseño en todas *las iglesias"* (I Corintios 7:17)

Estas *agrupaciones de iglesias locales,* son las precursoras de las alianzas ministeriales, fraternidades, ministerios y asociaciones de diversos ministerios de hoy; las cuales se identifican o se distinguen, manteniendo la unidad mediante sus declaraciones de fe (doctrinas fundamentales), su cultura, tradiciones, forma de gobierno, región geográfica, por el llamado y carisma de sus líderes. *En estas agrupaciones de iglesias es, precisamente, donde se ejercen los ministerios de apóstoles, profetas, evangelistas, pastores y maestros.* Es un nivel que requiere de una estructura o un sistema funcional, y donde se necesita ejercer la pluralidad de los cinco ministerios. En el mundo son innumerables las *agrupaciones de iglesias* que necesitan y requieren este tipo de liderazgo.

Lecciones de la historia bíblica

Desde los primeros días de la iglesia primitiva, miramos el desarrollo de esta pluralidad en el liderazgo ministerial. Después de Jerusalem, Dios levantó a un nuevo grupo de apóstoles, profetas y maestros en Antioquía. No estaban en competencia con Jerusalem, sino que fueron levantados para llevar el nuevo vino a los gentiles. Los de Jerusalem, aunque eran llamados, no poseían la habilidad ni la suficiente convicción y determinación para llevar a cabo este trabajo; pero Dios levantó en Antioquía a vasos capacitados para hacerlo.

Sucesivamente, en cada continente, nación, región y cultura adonde ha llegado y penetrado la palabra de Dios, él ha levantado nuevas *Antioquías*, y nuevos líderes apostólicos y proféticos. Cada *Antioquía* es una esfera de influencia en el campo que Dios les ha designado. De esta manera se ha cumplido, en forma práctica, lo que el Señor dijo: "Y me seréis testigos en Jerusalem, Judea, Samaria y hasta lo último de la tierra" (Hechos 1:8). Pedro también lo declaró en el día de Pentecostés: "Porque para vosotros es la promesa, y para vuestros hijos, y para los que están lejos; y para cuantos el Señor vuestro Dios llamare" (Hechos 2:39).

El apostolado

El trabajo del apóstol o apóstoles, es dar cobertura espiritual, confirmar y equipar a grupos de pastores, ya sea de una cultura y lengua o en forma multicultural, según lo expansivo de su llamado; es utilizado por Dios para establecer ancianos y nuevas obras; trae y comparte, de parte del Señor, nueva luz y revelación de la Palabra, para dar dirección espiritual a conjuntos de iglesias, de pastores, y aun a movimientos enteros. ¡Es el mayor ministerio y llamamiento en la estructura de gobierno de la iglesia! ¿Es por elección popular, que reconocemos al ministerio apostólico como el mayor de los cinco ministerios? Por supuesto que no; sino por razón de su llamado divino. "Y a unos puso Dios en la iglesia, *primeramente apóstoles,* luego profetas, lo tercero doctores, luego facultades, luego dones de sanidades, ayudas, *gobernaciones,* y géneros de lenguas" (I Corintios 12:28). Ciertamente, es un llamado de gran honor, sobresaliente y destacado; pero viene con un grande precio de sufrimiento, aflicciones y quebrantamiento.

Por lo tanto, es importante ampliar la aclaración sobre este ministerio sobresaliente. Hoy, más que nunca, existen dos perspectivas sobre este ministerio. La primera, es que *sólo* se considera como un ministerio de mucha honra, bendición financiera, codiciable, popular y de buena fama. En este concepto, el apóstol es una persona de renombre y respetado por todos; su posición es de honor, autoridad y altamente apetecida. Ésta parece ser la posición popular en el mundo occidental. Por este motivo tenemos hoy una plaga de "apostolitis," pues son muchos los que anhelan ser o se proclaman ser apóstoles, porque ignoran las aflicciones y los sufrimientos que vienen con ese llamado. No saben lo que dicen ni lo que piden, como lo dijo el Señor a Juan, a Jacobo y a la madrecita de éstos. "Entonces Jesús respondiendo, dijo: *No sabéis lo que pedís.* ¿Podéis beber del vaso que yo he de beber, y ser bautizados del bautismo de que yo soy bautizado? Y ellos le dicen: Podemos. Y él les dice: A la verdad mi copa beberéis, y del bautismo de que yo soy bautizado, seréis bautizados; mas el sentaros a mi mano derecha y a mi izquierda, no es mío darlo, sino a aquellos para quienes está aparejado de mi Padre" (Mateo 20:22, 23).

Aunque estos discípulos respondieron prestos, es obvio que no se daban cuenta de la copa amarga del sufrimiento que venía con este platillo. Precisamente, ésta es la otra perspectiva; y el apóstol Pablo, en su primera carta a los Corintios, la describe claramente. "Porque a lo que pienso, Dios nos ha mostrado a nosotros los apóstoles por los *postreros,* como a *sentenciados a muerte,* y *hechos espectáculo* al mundo, a los ángeles, y a los hombres. *Nosotros necios* por amor de Cristo, y vosotros prudentes en Cristo; *nosotros flacos,* y vosotros fuertes; vosotros nobles, y *nosotros viles.* Hasta esta hora *hambreamos,* y *tenemos sed,* y *estamos desnudos,* y *somos heridos de golpes,* y *andamos vagabundos.* Y *trabajamos, obrando con nuestras manos. Nos maldicen,* y bendecimos; *padecemos persecución,* y sufrimos. *Somos blasfemados,* y rogamos; hemos venido a ser como *la hez del mundo, el desecho* de todos hasta ahora. No escribo esto para avergonzaros, mas amonéstoos como a mis hijos amados" (I Corintios 4:9-14). Esta perspectiva bíblica, obviamente se destaca y cobra prominencia en los países y regiones donde la iglesia sufre persecución, y donde no tiene ninguna atracción para ser deseada. El apostolado es un llamado de Dios, no un rango popular ni una posición para ser apetecida.

El ministerio de profeta

El ministerio de profeta, es para redargüir, alertar, reprender y despertar al pueblo a una búsqueda de Dios, de todo corazón y con gran humildad. El profeta es llamado para llevar al pueblo de Dios al arrepentimiento, quebrantamiento, humillación y fe; y, así, provocar y desatar un derramamiento del Espíritu Santo sobre la iglesia. Es un llamado para dar dirección a líderes y al pueblo, conduciéndolos a caminar por las sendas antiguas (Jeremías 6:16). Es el ministerio usado por Dios, para afinar el oído espiritual de la iglesia y para declarar, con discernimiento y claridad, las profecías portentosas de los postreros días. "Ministrando, pues, éstos al Señor, y ayunando, dijo el Espíritu Santo: Apartadme a Bernabé y a Saulo para la obra para la cual los he llamado" (Hechos 13:2). Este evento histórico afectó el destino de multitudes de gentiles, pues a ellos fueron enviados Bernabé y Saulo, conocido después este último como Pablo, el apóstol de los gentiles.

Los títulos

El uso de los títulos ha sido un tema de mucha discusión y controversia en nuestro círculo de influencia. ¿Usarlos o no? ¿Por qué razón? Porque la verdad es que muchos se "inflan" con el grado, el título, posición o renombre que se les otorga. Ahora bien, si "la inflazón" fuera tan fácil de erradicar, simplemente eliminaríamos todo título, renombre o posición, y daríamos fin a ese espíritu "chocarrero." Pero, definitivamente, no ha sido tan fácil desaparecer del mapa a este espíritu.

Hemos visto y conocemos a quienes codician renombre, posición o títulos, y que se mueren por conseguirlos a como dé lugar; y cuando lo logran, tristemente, se "hinchan," y después no se sabe qué hacer con estos individuos, porque ya no "caben en el saco." Pero también conocemos a otros que, sin tener ningún título académico, teológico, posición ministerial o renombre oficial, y que a pesar de ello, ya sea por alguna revelación bíblica, conocimiento general… o alguna otra razón, tampoco "caben en el saco," y sus actitudes también son insoportables y repugnantes; hasta cierto punto, orgullosos porque no tienen ningún título, y quizás creyéndose mejores o superiores a quienes sí los tienen.

Admitimos que sí existen, aunque "en peligro de extinción," varones de Dios con diversos títulos, posiciones o renombre, pero sin ningún aire de grandeza. Y también existen hombres de Dios, sin ningún reconocimiento, posición oficial o rango, que emanan un espíritu de sencillez, mansedumbre y humildad. Particularmente, en el ambiente de nuestro pueblo no es común que se utilicen los títulos de apóstoles y profetas, para describir a hombres de Dios que tienen estos llamados. Sin embargo, aunque sean conocidos por otros nombres y posiciones, o tal vez, por ningún nombre o título, no por eso dejan de ser lo que son.

¿Cuál es, entonces, nuestra conclusión sobre este asunto de los títulos? Que es muy importante mantener un balance, sin escandalizarnos por los títulos o la falta de ellos; que si los hay, bien; pero no se debe hacer al "gallo más zancón," "echándoles aire," adulándolos y magnificándolos, porque les causamos mucho daño. Y si no los hay, bien. Sólo tengamos suficiente discernimiento espiritual para identificar y seguir reconociendo el llamado, los dones y los ministerios con los cuales Dios ha dotado a los vasos que él ha escogido para liderar a su pueblo; pues recordemos, que ellos son los nuevos odres designados y establecidos por Dios mismo. Sobre todo, es importante mantenernos siempre dentro de los parámetros, los valores, el espíritu, la sencillez, la obediencia y la humildad del reino de Dios.

La comunicación, comunión, respeto
y sumisión a nivel apostólico

La comunicación, la comunión, el respeto y la interrelación entre las diversas ramas o áreas de influencia en el pueblo de Dios, son necesarias e importantes; porque, en cada *Antioquía* y entre las diversas agrupaciones de iglesias, hay deficiencias y debilidades. Y al no conectarnos los unos con los otros, nos privamos de lo que Dios nos muestra y habla por medio de sus emisarios. Para eliminar este escenario, el líder apostólico debe estar dispuesto a ser aconsejado y corregido por sus colegas y otros líderes apostólicos. Ésta es una saludable señal de humildad, y demuestra una disposición de estar bajo cobertura espiritual.

Este espíritu de sumisión, manifestado entre los apóstoles y los ancianos, lo vemos en el concilio llevado a cabo en Jerusalem. "Así que, suscitada una disensión y contienda no pequeña a Pablo y a Bernabé contra ellos, determinaron que subiesen Pablo y Bernabé a Jerusalem, y algunos otros de ellos, *a los apóstoles y a los ancianos, sobre esta cuestión*... Y llegados a Jerusalem, *fueron recibidos por la iglesia y los apóstoles y los ancianos*; y refirieron todas las cosas que Dios había hecho con ellos... *Y se juntaron los apóstoles y los ancianos* para conocer de este negocio" (Hechos 15:2, 4, 6).

"Ruego a los ancianos que están entre vosotros, yo anciano también con ellos (estas son palabras que reflejan un espíritu de humildad y sumisión)... Igualmente, mancebos, sed sujetos a los ancianos; *y todos sumisos unos a otros.* Revestíos de humildad, porque Dios resiste a los soberbios, y da gracia a los humildes" (I Pedro 5:1, 5).

Visión, humildad y valor

Para reconocer a otras *Antioquías,* además de todo lo dicho en el párrafo anterior, debe haber visión, humildad y valor en los líderes. Este reconocimiento, entre líderes, es uno de los factores que ha faltado en el pueblo de Dios. ¡Sembremos, pues, semillas de reconciliación en el cuerpo de Cristo! "No os engañéis: Dios no puede ser burlado; que todo lo que el hombre sembrare, eso también segará. Porque el que siembra para su carne, de la carne segará corrupción; mas el que siembra para el Espíritu, del Espíritu segará vida eterna. No nos cansemos, pues, de hacer bien; que a su tiempo segaremos, si no hubiéremos desmayado. Así que, entre tanto que tenemos tiempo, hagamos bien a todos, y mayormente a los domésticos de la fe" (Gálatas 6:7-10).

Pedro y Santiago enfatizan el hecho de que Dios resiste a los soberbios y da gracia a los humildes. "…y todos sumisos unos a otros. Revestidos de humildad, porque Dios resiste a los soberbios, y da gracia a los humildes. Humillaos, pues, bajo la poderosa mano de Dios, para que él os ensalce cuando fuere tiempo" (I Pedro 5:5, 6). "Mas él da gracia. Por esto dice: Dios resiste a los soberbios y da gracia a los humildes. Humillaos ante el Señor, y él os ensalzará" (Santiago 4:6, 10).

Si la humildad es uno de los ingredientes necesarios para llevar a cabo esta comunión, entonces lo que nos detiene para hacerlo, son: orgullo, arrogancia y soberbia. El temor es la otra barrera u obstáculo. ¿Temor de qué? Mayormente, el temor de perder "mi gente." La verdad es que si "nuestra gente" estuviera bien afirmada en sus convicciones, no hubiera ningún temor de que se nos fuera a otro movimiento, organización o ministerio. Este tipo de temor denota la inseguridad e inmadurez en los líderes de pequeños, medianos y grandes movimientos. Si tuviéramos la convicción de que el rebaño que pastoreamos no es nuestro sino del Señor, eliminaríamos esa fobia. Recordemos, pues, que estamos aquí para edificar y engrandecer su Reino, no el nuestro.

Otro aspecto del temor es el *temor del hombre*. "El temor del hombre pondrá lazo, mas el que confía en el Señor será levantado" (Proverbios 29:25). Muchos creyentes entienden, que es importante perdonar, bendecir, tener comunión y amar a sus hermanos, pero temen hacerlo. ¿Por qué? Por el famoso: "¿Qué dirán?" Tienen más *temor a las opiniones de sus líderes o colegas* que a la palabra de Dios; y este tipo de temor es una grande trampa, en la cual muchos están atrapados, olvidándose que "en el amor no hay temor; mas el perfecto amor echa fuera el temor; porque el temor tiene pena. De donde el que teme, no está perfecto en el amor" (I Juan 4:18). "Porque no nos ha dado Dios espíritu de temor, sino de fortaleza, y de amor, y de templanza" (II Timoteo 1:7).

El fruto de la obediencia

La tarea no es edificar nuestros propios monumentos, sino el de llevar a los santos a la *obediencia de la Palabra, y a la madurez espiritual*, para que ellos, a su vez, hagan la obra del ministerio, para edificación del cuerpo de Cristo. Éste es el trabajo primordial de los apóstoles, profetas, evangelistas, pastores y maestros. De esta forma los santos estarán preparados para toda buena obra (Efesios 4:11-13; II Timoteo 3:17). ¡Este conjunto de santos, será el ejército masivo que se levantará en estos últimos días para alumbrar en medio de las tinieblas! "...el que entre ellos fuere débil, en aquel tiempo será como David; y la casa de David como ángeles..." (Zacarías 12:8). "El pequeño será por mil, el menor, por gente fuerte..." (Isaías 60:22)

CAPÍTULO SIETE

Lo que el Señor en verdad prohibió

"**Y** subiendo Jesús a Jerusalem, tomó sus doce discípulos aparte en el camino, y les dijo: He aquí subimos a Jerusalem, y el Hijo del Hombre será entregado a los príncipes de los sacerdotes y a los escribas, y le condenarán a muerte; y le entregarán a los gentiles para que le escarnezcan, y azoten, y crucifiquen; más al tercer día resucitará. Entonces se llegó a él la madre de los hijos de Zebedeo con sus hijos, adorándole, y pidiendo algo. Y él le dijo: ¿Qué quieres? Ella le dijo: Di que se sienten estos dos hijos míos, uno a tu mano derecha, y el otro a tu izquierda, en tu reino. Entonces Jesús respondiendo, dijo: No sabéis lo que pedís: ¿Podéis beber el vaso que yo he de beber, y ser bautizados del bautismo de que yo soy bautizado? Y ellos le dicen: Podemos. Y él les dice: A la verdad mi vaso beberéis, y del bautismo de que yo soy bautizado, seréis bautizados; mas el sentaros a mi mano derecha y a mi izquierda, no es mío darlo, sino a aquellos para quienes está aparejado de mi Padre. Y como los diez oyeron eso, se enojaron con los dos hermanos. Entonces Jesús llamándolos, dijo: Sabéis que los príncipes de los gentiles se enseñorean sobre ellos, y los que son grandes ejercen sobre ellos potestad. Mas entre vosotros no será así; sino el que quisiere entre vosotros hacerse grande, será vuestro servidor; y el que quisiere entre vosotros ser el primero, será vuestro siervo; como el Hijo del hombre no vino para ser servido, sino para servir, y para dar su vida en rescate por muchos" (Mateo 20:17-28).

Es importante entender la prohibición dada por el Señor, tal como está escrito en esta porción de las Escrituras; porque si entendemos este mandamiento correctamente, estaremos en la posición apropiada de ayudarnos a nosotros mismos, como también a otros. No es correcto interpretar un texto en forma aislada, sin tomar en cuenta su contexto local, es decir, lo que está escrito antes y después del pasaje bíblico en cuestión. En este caso, los versículos veinticinco y veintiséis, dicen: *"Sabéis que los príncipes de los gentiles se enseñorean sobre ellos, y los que son grandes ejercen sobre ellos potestad. Mas entre vosotros no será así; sino el que quisiere entre vosotros hacerse grande, será vuestro servidor."* Ésa fue la respuesta del Señor al conflicto que surgió entre los discípulos, como resultado de la súplica que hizo la madre de Juan y Jacobo; pues en el versículo veintiuno, ella le dijo: *"Di que se sienten estos dos hijos míos, uno a tu derecha, y el otro a tu izquierda, en tu reino."*

"Y como los diez oyeron esto, se enojaron con los dos hermanos." Esta porción de la Escritura nos ayuda a discernir la prohibición del Señor, y el problema que tenía con sus discípulos. Él no le respondió afirmativamente a la madre de Juan y Jacobo, diciéndole que sus hijos se sentarían uno a cada lado, en su reino; al contrario, les advirtió que habrían de sufrir al igual que él. "Pero el sentaros a mi derecha y a mi izquierda," dijo Cristo, "no es mío darlo, sino a aquellos para quienes está preparado por mi Padre." De todos modos, el resto de los

discípulos se enojaron. ¿Por qué? Porque tenían el mismo problema que Juan, Jacobo y la madre de éstos; no entendían, que otorgar las posiciones de poder y autoridad, son prerrogativas del Padre. *Codiciaban una posición de poder, reconocimiento y autoridad.* Eran inmaduros y egoístas. Se enojaron porque sus compañeros les estaban ganando "la delantera." Les habían ganado con "el lonche".

El problema no está en reinar, poseer autoridad y poder o ejercer un gobierno. Codiciar una posición de autoridad ("buscar hueso") fue y sigue siendo el problema, como tambien la actitud y mentalidad distorsionadas, con relación a la autoridad y gobierno. Codiciaban tener el primado. Anhelaban ser el "número uno." Tenían sus corazones llenos de ambición, envidia y avaricia. Los resultados del gobierno y autoridad, ejercidos por alguien que *codicia* estas posiciones, son un gobierno desastroso, injusto, impetuoso, agresivo, indolente y autoritario. *Este hecho es la lección de la narración que encabeza este capítulo.*

- Aunque faltaban cerca de tres siglos, para que comenzaran los cristianos a organizarse con las estructuras y sistemas de los gentiles, no obstante, a esa distancia de tiempo, ya estaba asomándose el *"espíritu de Diótrefes"* entre los discípulos (III Juan versículos 9-11).

¡Lo increíble de todo esto, es que el Señor estaba por ser crucificado, y los discípulos estaban absorbidos y obsesionados sobre quién sería el mayor en el reino! *El Señor sabía que sus seguidores no podían presidir a su pueblo con esa mentalidad y espíritu, pues los llevaría al mal uso y abuso de la misma autoridad que él les estaba confiriendo.* Sin embargo, con gran paciencia los exhortó, y les explicó cuál era la forma incorrecta, como también la manera correcta de presidir y ejercer la autoridad delegada por él. Esto último es ilustrado perfectamente por el apóstol Pablo, en primera de Timoteo 5:17. "Los ancianos que *gobiernan bien,* sean tenidos por dignos de doblada honra; mayormente los que trabajan en predicar y enseñar." *Éstos gobiernan legítimamente como servidores,* sin buscar su propio bien; y están aun dispuestos a entregar sus vidas por sus hermanos en este servicio.

Examinemos el *sentido original* de *Mateo 20:25,* utilizando diferentes versiones bíblicas, pues éstas nos proporcionarán mayor luz, y nos darán el verdadero significado de la advertencia del Señor Jesús a sus discípulos.

* *"Los gobernantes de los paganos ejercen poderes despóticos sobre ellos, y los que son grandes ejercen dominio sobre ellos "* *(versión E.V. Rieu).*

* *"Los príncipes de los gentiles toman dominio sobre su pueblo, y los grandes hombres cacarean de su poder sobre ellos" (versión Knox).*

* *"Sus superiores los oprimen" (versión Ber).*

* *"Sabéis que los príncipes de los gentiles toman señorío sobre su gente, y sus grandes hombres tiranizan sobre ellos" (versión Gspd).*

* *"Ustedes saben que los gobernantes paganos son arrogantes con su gente, y sus jefes de igual manera gobiernan como dictadores" (versión Nor O. Norlie).*

* *"Mas Yeshúa los llamó y les dijo, ustedes saben que entre los goyím (gentiles) los que deben gobernarlos se convierten en tiranos, y sus superiores se convierten en dictadores. Mas entre vosotros no será así. Al contrario, el que de entre ustedes quiere ser un líder, deberá ser su servidor, y el que quiera ser primero, deberá ser vuestro esclavo" (Versión Nuevo Testamento Judío por David H. Stern).*

"Mas entre vosotros no será así." ¿Así, cómo y en qué? ¿Qué es lo que prohíbe el Señor? La respuesta, al utilizar las diversas versiones bíblicas, es sencilla y clara. *La prohibición original del maestro fue reprobar la forma incorrecta, injusta y corrupta de ejercer la autoridad delegada.* El Señor utilizó a los líderes de los gentiles como ejemplos negativos. En otras palabras, ¡los que entre ustedes desean ser líderes, no deben convertirse en dictadores, tiranos, déspotas, ostentosos, orgullosos, jactanciosos, opresores sobre el pueblo, *como los príncipes (gobernantes) de los gentiles! "¡Entre ustedes no será así!"*

El Señor no prohibió, ni prohíbe el gobierno en la iglesia, sino la manera incorrecta e injusta de presidir. Prohíbe el mal uso y, ademas, el abuso de autoridad; incluyendo aun la autoridad espiritual y legítima. También señala las injusticias de los gobernantes gentiles en su manera de gobernar. Dios aborrece la injusticia y el abuso de autoridad aun entre los gentiles. En la Biblia encontramos diversas escrituras sobre los que gobiernan injustamente. Veamos algunos versículos de la Versión Reina Valera 1960.

* "No harás injusticia en el juicio, ni favoreciendo al pobre ni complaciendo al grande; con justicia juzgarás a tu prójimo" (Levítico 19:15).

- "Oh congregación, ¿pronunciáis en verdad justicia? ¿Juzgáis rectamente, hijos de los hombres? Antes en el corazón maquináis iniquidades; hacéis pasar la violencia de vuestras manos en la tierra" (Salmos 58:1, 2).

- "Cuando los justos dominan (gobiernan) el pueblo se alegra; mas cuando domina (gobierna) el impío, el pueblo gime" (Proverbios 29:2)

- "¡Ay de los que dictan leyes injustas, y prescriben tiranía, para apartar del juicio a los pobres, y para quitar el derecho a los afligidos de mi pueblo; para despojar a las viudas, y robar a los huérfanos!" (Isaías 10:1, 2)

- "El pueblo de la tierra usaba de opresión, y cometía robo, y al afligido y menesteroso hacían violencia, y al extranjero oprimían sin derecho. Y busqué de ellos hombre que hiciese vallado y que se pusiese al portillo delante de mí por la tierra, para que yo no la destruyese; y no lo hallé. Por tanto, derramé sobre ellos mi ira, con el ardor de mi ira los consumí; hice volver el camino de ellos sobre su propia cabeza, dice Dios el Señor" (Ezequiel 22:29-31).

- "Torcer el derecho del hombre delante de la presencia del Altísimo, trastornar al hombre en su causa, el Señor no lo aprueba" (Lamentaciones 3:35, 36).

¡Cuánta razón tenía el apóstol Pablo!, cuando dijo: "Amonesto pues, ante todas cosas, que se hagan rogativas, oraciones, peticiones, hacimiento de gracias, por todos los hombres; por los reyes *(líderes gentiles),* y por todos los que están en eminencia (autoridad) para que vivamos quieta y reposadamente en toda piedad y honestidad. *Porque esto es bueno y agradable delante de Dios nuestro Salvador"* (I Timoteo 2:1-3).

Después de amonestarlos y prohibirles enseñorearse, a la manera que lo hacían los príncipes de los gentiles, el Señor Jesucristo los instruyó y les demostró *cómo debe ser un líder* en el reino de Dios. *"... el que quisiere entre vosotros hacerse grande (ser líder), será vuestro servidor; y el que quisiere entre vosotros ser el primero, será vuestro siervo. Como el Hijo del Hombre no vino para ser servido, sino para servir, y para dar su vida en rescate por muchos"* (Mateo 20:26-28).

Cuando el Señor dijo: "El que quisiere entre vosotros hacerse grande (ser líder)..." No estaba reprimiendo el deseo limpio y sincero de ser un líder. El apóstol Pablo, años más tarde lo confirmó, diciendo: *"Si alguno apetece (desea) obispado (liderazgo espiritual) buena obra desea..."* (I Timoteo 3:1). Además, el Señor aun les enseñó cuál debería ser la motivación correcta, y la intención justa y transparente cuando se desea ser líder: *servir a Dios y al prójimo, sin ventajas.*

"Haya, pues, en vosotros este sentir (mente) que hubo en Cristo Jesús. El cual, siendo en forma de Dios, no tuvo por usurpación ser igual a Dios. Sin embargo, se anonadó a sí mismo, *tomando forma de siervo*, hecho semejante a los hombres. Y hallado en la condición de hombre, *se humilló a sí mismo*, hecho obediente hasta la muerte, y muerte de cruz" (Filipenses 2:5-9).

Debemos ser líderes con un corazón de siervo. El Señor Jesucristo, como siervo, no dejó de ser Señor ni líder; él nos marcó el ejemplo de cómo dirigir o presidir, y cómo ejercer la autoridad de manera apropiada. *En el reino de Dios la autoridad no está prohibida, sino el uso injusto y el abuso de ella.* Debe ejercerse conforme al modelo que el Maestro nos dejó: ¡Servir y dar la vida en rescate por muchos! ¡Así es el liderazgo en el reino de Dios… y así debe ser entre nosotros!

"De manera que, teniendo diferentes dones, según la gracia que nos es dada, si el de la profecía, úsese conforme a la medida de la fe; o si ministerio, en servir; o el que enseña, en doctrina; el que exhorta, en exhortar; el que reparte, *hágalo en simplicidad*; *el que preside (gobierna o ejerce autoridad) hágalo con solicitud (diligencia, con cuidado)*; el que hace misericordia, con alegría" (Romanos 12:6 - 8).

CAPÍTULO OCHO

La naturaleza del liderazgo en el reino de Dios

En los capítulos anteriores, hemos enfatizado y aclarado la necesidad del reconocimiento, respeto y sujeción a las posiciones de autoridad establecidas por Dios, a fin de que cada posición pueda funcionar debidamente y con fidelidad en su respectiva área de influencia. Hebreos 13:7 es un claro ejemplo de tal reconocimiento y sujeción: "Obedeced a vuestros pastores, y sujetaos a ellos; porque ellos velan por vuestras almas, como aquellos que han de dar cuenta; para que lo hagan con alegría, y no gimiendo; porque esto no es útil."

La rebelión, el desorden y la anarquía espiritual son el resultado de la falta de este reconocimiento, respeto y sujeción. Por tal motivo, ahora es imprescindible que también miremos "la otra cara de la moneda." Esto es, la integridad y justicia con que deben conducirse los que están en posición de autoridad. Cuando, los que están en dicha posición, presiden con un espíritu y actitud de señorío, sus acciones resultan injustas. ¡Dios abomina la rebelión de los que están bajo autoridad, pero también aborrece la injusticia de los que dirigen o presiden!

Después de dar un mandamiento de obediencia y sujeción, a quienes están bajo cobertura familiar, social o espiritual, el Señor siempre balancea el cuadro; instruye a la autoridad designada para que ejerza su posición con justicia, amor, bondad, paciencia y mansedumbre. Ésta es "la otra cara de la misma moneda." Se trata aquí de la integridad "del cuero o de la botella." Es necesario preservar el vino o la esencia, pero también es indispensable preservar la integridad del odre, el cual representa la estructura de gobierno. Esto se logra cuando se mantiene la integridad de los componentes de los odres. En este caso, los componentes no son botellas, embases, plásticos, cueros o cualquier otro material, sino los seres humanos que ejercen el liderazgo en estas estructuras de autoridad. Cuando se preserva la integridad del vino y del contenedor, se garantiza la preservación de ambos. "Ni echan vino nuevo en cueros viejos; de otra manera los cueros se rompen, y el vino se derrama, y se pierden los cueros; mas echan el vino nuevo en cueros nuevos, y lo uno y lo otro se conserva juntamente" (Mateo 9:17).

Al examinar las siguientes escrituras, observaremos cómo el Señor, después de dar un mandamiento de sujeción a quienes están bajo autoridad, inmediatamente instruye a dicha autoridad para que actué con sabiduría, consideración, mansedumbre, amor, justicia y equidad; tomando en cuenta que hay un nivel mucho más alto de responsabilidad para los que gobiernan y presiden. "...porque a cualquiera que fue dado mucho, mucho será vuelto a demandar de él; y al que encomendaron mucho, más le será pedido" (Lucas 12:48).

- "Casadas, estad sujetas a vuestros maridos, como conviene en el Señor. *Maridos, amad a vuestras mujeres, y no seáis desapacibles con ellas*" (Col. 3:18, 19).

- "Hijos, obedeced a vuestros padres en todo; porque esto agrada al Señor. *Padres, no irritéis a vuestros hijos para que no se hagan de poco ánimo*" (Col. 3:20, 21).

- "Siervos, obedeced en todo a vuestros amos carnales, no sirviendo al ojo, como los que agradan a los hombres, sino con sencillez de corazón, temiendo a Dios. *"Amos, haced lo que es justo con vuestros siervos, sabiendo que también vosotros tenéis amo en los cielos"* (Col. 3:22; 4:1).

- "Obedeced a vuestros pastores, y sujetaos a ellos; porque ellos velan por vuestras almas, como aquellos que han de dar cuenta; *para que lo hagan con alegría, y no gimiendo*; porque esto no es útil" (Hebreos 13:17).

- "Apacentad la grey de Dios que está entre vosotros, teniendo cuidado de ella, *no por fuerza,* sino voluntariamente; no por ganancia deshonesta, sino de ánimo pronto; *Y no como teniendo señorío* sobre las heredades del Señor, *sino siendo dechados* de la grey" (I Pedro 5:2, 3).

- "Mas entre vosotros no será así; sino el que quisiere entre vosotros hacerse grande, será vuestro *servidor;* y el que quisiere entre vosotros ser el primero será vuestro *siervo.* Como el Hijo del Hombre no vino para ser *servido*, sino para *servir*, y *para dar su vida* en rescate por muchos" (Mateo 20: 26-28).

- *"Sujetados los unos a los otros en el temor de Dios.* Las casadas estén sujetas a sus propios maridos, como al Señor. Porque el marido es cabeza de la mujer, así como Cristo es cabeza de la iglesia; y él es el que da la salud al cuerpo. Así que, como la iglesia está sujeta a Cristo, así también las casadas lo estén a sus maridos en todo. *Maridos, amad a vuestras mujeres, así como Cristo amó a la iglesia, y se entregó a sí mismo por ella,* para presentársela gloriosa para sí, una iglesia que no tuviese mancha ni arruga, ni cosa semejante; sino que fuese santa y sin mancha. *Así también los maridos deben amar a sus mujeres como a sus mismos cuerpos. El que ama a su mujer, a si mismo se ama. Porque ninguno aborreció jamás a su propia carne, antes la sustenta y regala, como también Cristo a la iglesia.* Porque somos miembros de su cuerpo, de su carne y de sus huesos. *Por esto dejará el hombre a su padre, y a su madre, y se allegará a su mujer,* y serán dos en una carne. Este misterio grande es; mas yo digo esto con respecto a Cristo y a la iglesia. *Cada uno empero de vosotros de por sí, ame también a su mujer como a sí mismo;* y la mujer reverencie a su marido" (Efesios 5: 21-33).

El espíritu de servidor

En el reino de Dios, la naturaleza del liderazgo se puede definir como: el *espíritu de servidor.* En inglés el término es *"servant leadership."* Es un concepto totalmente opuesto a lo que, por lo general, se considera que debe ser un líder. El Señor lo describe perfectamente en la escritura de Mateo 20: 26-28. Es un tema tan fascinante, que pudiéramos ocupar las páginas de todo un libro para ello. El Señor Jesucristo es el modelo perfecto de lo que es gobernar y presidir con firmeza, justicia y mansedumbre. Por esta misma razón, la Escritura repite una y otra vez, que sus caminos son justos y verdaderos.

Lo que hemos enfatizado y dejado claro, sin lugar a dudas, es que en el reino de Dios se practica la autoridad, pero con justicia, firmeza y mansedumbre; con el propósito de servir, proveer, dar protección y cobertura espiritual. *Afirmamos que, en el sistema de Dios o en la iglesia, sí existe una jerarquía, una cadena de mando y un liderazgo con autoridad, pero no de origen humano ni por elección popular democrática, sino por llamado de origen divino;* y, como ya lo hemos dicho antes, existe para mantener el orden espiritual, servir al Señor y al prójimo. El distintivo imprescindible entre la autoridad y jerarquía espiritual y la autoridad de los hombres, se encuentra o reside en su *naturaleza y sus valores*.

El trono en el cielo

"Y miré y he aquí en medio del trono y de los cuatro seres vivientes, y *en medio* de los ancianos, *estaba un Cordero como inmolado...* Porque el *Cordero que está en medio del trono* los pastoreará, y los guiará a fuentes vivas de aguas..." (Apocalipsis 5:6; 7:17). El libro de Apocalipsis, describe al Señor Jesucristo como un cordero; y como el León de la Tribu de Judá.

Admirablemente, el apóstol Juan nunca ve al León sentado en medio del trono. ¡En cambio, sí ve al Cordero en la silla máxima de autoridad! ¿Qué quiere decir esto? Quiere decir que nuestro Rey es humilde. ¡Bendito sea su Nombre! "Misericordioso y clemente es el Señor, lento para la ira y grande en misericordia" (Salmos 103:8). Si nuestro Rey reinara con la ferocidad del León, su ira ya nos hubiera consumido; pero por la sublime gracia él reina con la mansedumbre y humildad del Cordero. No obstante, el Cordero de Dios, que quita el pecado del mundo, no deja de ser el León de la Tribu de Judá, el Todopoderoso, Rey de reyes y Señor de señores; manifestando su poder y potestad cuándo, dónde y cómo a él le place. "Ellos pelearán contra el Cordero, y *el Cordero los vencerá, porque es el Señor de los señores, y el Rey de los reyes,* y los que están con él son llamados, y elegidos, y fieles" (Apocalipsis 17:14). El Cordero, que fue inmolado, sigue demostrando su poder, sus grandes misericordias e infinita bondad hacia nosotros. ¡Aleluya! ¡Bendito sea el Señor!

Liberar o conquistar

Cuando Alemania nazista invadió a Europa, la invadió para conquistar, destruir, dominar y controlar. Igualmente, al concluirse la Segunda Guerra Mundial, los soviéticos conquistaron y controlaron a los países de la Europa Oriental, y los mantuvieron bajo su dominio tiránico hasta que cayó la Cortina de Hierro. Al contrario, cuando invadieron los Estados Unidos de Norte América y sus aliados, desembarcaron miles de soldados en la costa de Normandía para *liberar* la Europa de Adolfo Hitler, el tirano monstruoso. Unos invadieron para derrotar, *conquistar y dominar*; y otros invadieron para *liberar* no solamente a las naciones cautivas, sino también a miles de judíos que estaban presos en los miserables, crueles y mortíferos campos de concentración. La naturaleza del reino de Dios es poderosa para liberar y servir. Guerrea para traer salvación, perdón de pecados, redención, liberación; y rompe yugos y barreras entre hermanos, trayendo sanidad al pueblo de Dios.

Desgraciadamente, hay líderes que usan su autoridad sólo para beneficiarse a sí mismos; dominan, intimidan, oprimen, controlan y extorsionan al pueblo bajo su cargo. Ésta es una crasa y descarada *injusticia.* El liderazgo, que vino a demostrar y modelar el Señor, es para "predicar las buenas nuevas a los pobres, sanar a los quebrantados de corazón, liberar a los cautivos, dar libertad a los presos, dar vista a los ciegos, y pregonar el año agradable del Señor" (Lucas 4:18,19). "Y el que quisiere entre vosotros ser el primero, será vuestro siervo. Como el Hijo del Hombre no vino para ser servido, sino para servir, y para dar su vida en rescate por muchos" (Mateo 20:27, 28). "...Para esto apareció el Hijo de Dios, para deshacer (destruir) las obras del diablo" (I Juan 3:8).

El arma correcta en campos equivocados

Cuando el Señor dijo: "Los violentos toman el reino de los cielos por fuerza," se estaba refiriendo a la guerra espiritual para poseer el reino de los cielos; no a la forma en que tratamos nuestras diferencias entre hermanos, ni cómo corregimos a un creyente. Es posible tener en la mano el arma correcta, y estar parados en un campo equivocado de batalla. "Porque no tenemos lucha contra carne y sangre; sino contra principados, contra potestades, contra señores del mundo, gobernadores de estas tinieblas, contra malicias espirituales en los aires" (Efesio 6:12). La "espada del Espíritu," que es la palabra de Dios, debe ser usada en la esfera espiritual contra el enemigo de nuestras almas, todas sus huestes y sus asechanzas. Sin embargo, muchas veces nos encontramos usando la "espada" contra nuestros seres amados, nuestros propios hermanos en la fe, o con quienes diferimos en algún punto doctrinal o de opinión. Estoy convencido de que el Señor permite estos puntos de divergencia, para probar nuestra tolerancia, misericordia, paciencia y amor.

Si somos sinceros con nosotros mismos, debemos admitir que, más de una sola vez, hemos usado la espada en el terreno equivocado. La hemos usado en la esfera terrenal, nos hemos herido y aun hemos cometido asesinato emocional y espiritual, con la presunción de habernos dicho "la pura verdad." Es interesante y lamentable que los que más se huelgan en decir la "verdad desnuda," son los que menos aguantan que se les digan "sus verdades." También es importante aclarar, que hay una distinción entre lanzar juicios, condenación, difamación y hablar la verdad como conviene. Se ha abusado de la autoridad, al tomar esta posición detestable, y nos hemos olvidado que, un espíritu de sencillez, abnegación y humildad, es el "arma" sumamente superior a las de la agresión, prepotencia y despotismo. "Huye también los deseos juveniles; y sigue la justicia, la fe, el amor, la paz, con los que invocan al Señor de puro corazón. Empero las cuestiones necias y sin sabiduría desecha, sabiendo que engendran contiendas. *Que el siervo del Señor no debe ser litigioso, sino manso con todos, apto para enseñar, sufrido; que con mansedumbre corrija a los que se oponen; por si quizá Dios les dé que se arrepientan para conocer la verdad, y se zafen del lazo del diablo, en que están cautivos a la voluntad de él"* (II Timoteo 2:22-26).

"Pues aunque andamos en la carne (*somos humanos*), no militamos según la carne. Porque las armas de nuestra milicia no son carnales (terrenales), sino poderosas en Dios para la destrucción de fortalezas… Porque aunque me gloríe aún un poco de nuestra potestad (*la cual el Señor nos dio para edificación y no para vuestra destrucción*), no me avergonzaré; porque no parezca que os quiero amedrentar (asustar) por carta" (II Corintios 10:3, 4, 8, 9).

El poder de la toalla

La toalla, que representa al espíritu del servidor y de la humildad, fue el "arma," o mejor dicho, el elemento "herramienta" que más utilizó el Señor en su ministerio terrenal.

La autoridad genuina entre nosotros es derivada de la humillación ante Dios, y de la misericordia y mansedumbre para con los hombres. El fruto de esta naturaleza es autoridad en la Palabra (la espada del Espíritu), pero contra las fuerzas de las tinieblas. "Mas él da mayor gracia. Por esto dice: Dios resiste a los soberbios, y *da gracia a los humildes. Someteos, pues, a Dios*, resistid al diablo, y de vosotros huirá" (Santiago 4: 6, 7).

¿Quién es, entonces, nuestro modelo en este asunto de la toalla? ¡Nadie más que el Maestro! *"Se levantó de la cena, se quitó su ropa, y tomando una toalla se ciñó. Luego puso agua en un lebrillo, y comenzó a lavar los pies de los discípulos, y a limpiarlos con la toalla con que estaba ceñido...* Así que, después que les hubo lavado los pies, y tomado su ropa, volviéndose a sentar a la mesa, díjoles: *¿Sabéis lo que os he hecho? Vosotros me llamáis Maestro y Señor; y decís bien, porque lo soy. Pues si yo, el Señor y el Maestro, he lavado vuestros pies, vosotros también debéis lavar los pies los unos a los otros.* Porque ejemplo os he dado, para que como yo os he hecho, vosotros también lo hagáis. De cierto, de cierto os digo: El siervo no es mayor que su señor, ni el apóstol es mayor que el que le envió. Si sabéis estas cosas, bienaventurados seréis si las hiciereis" (Juan 13: 4-5; 12-17).

¿Quién debería tomar la toalla?

Era la costumbre, en los tiempos bíblicos, que a quien le tocaba lavar los pies de un huésped o visitante, debería ser el siervo de la más baja categoría de servidumbre en la casa. No era la tarea más agradable, pues los pies de los caminantes olían mal, estando llenos de polvo, tierra, mugre, y estiércol de los animales que caminaban por las mismas veredas y caminos. Por eso le tocaba este trabajo desagradable al siervo del rango menor. En este caso, los discípulos se habían reunido con el Señor, el primer día de la fiesta de los panes sin levadura, para participar de la Pascua. "Y siendo la tarde de ese mismo día, el Señor se sentó a la mesa con los doce" (Mateo 26: 17, 20). Según el evangelio de Lucas, el Señor encomendó a Pedro y a Juan la tarea de preparar la casa para la cena Pascual.

En conjunto con los demás discípulos, Pedro y Juan hicieron todos los preparativos para la Pascua, sólo con una excepción: no determinaron quién lavaría los pies de los demás. Esto no fue por negligencia ni por ignorancia, sino por la arrogancia de querer ser el mayor. Sufrían de un defecto de carácter potencialmente fatal. "Y hubo entre ellos una contienda, quién de ellos parecía ser el mayor" (Lucas 22: 24). Sufrían de "aires de grandeza" y altivez. Anhelaban el poder. Carecían de humildad. No buscaban servir; querían ser servidos. Sí, había este dilema entre ellos; definitivamente, nadie quería ser el menor; pues al menor de categoría, en cualquier casa, le tocaba lavar los pies. ¿Qué hacer entonces? Se "hicieron los tontos," y se sentaron a la mesa a comer. Era la tarde del día, y estaban todos cansados, incluyendo al Señor Jesucristo; traían sus pies sudados (después de todo un día de camino), polvorientos y sucios. La casa "olía a pies" y, como si todo estuviera bien, todos los discípulos seguían comiendo. Todos, menos el Señor. Él se levantó y comenzó a lavar los pies de sus discípulos. *¡El Señor, el Amo y Maestro tomó la posición del sirviente menor!*

¡Hoy, más que nunca, necesitamos "lavarnos los pies!" porque la casa huele a disensiones, discordias y a todas las obras de la carne. Seguimos comiendo de la mesa del Señor, aparentamos y presumimos que todo está bien; ya que él nos sigue alimentando. Pensamos que sus bendiciones son el sello de aprobación o la garantía de nuestros ministerios. ¡No! Esto no debe ser así. Su bondad siempre ha sido una demostración de su gran misericordia, y él la utiliza para llevarnos al arrepentimiento. Humillémonos, pues, y sigamos el ejemplo de humildad del Maestro. "¿O menosprecias las riquezas de su benignidad, y paciencia, y longanimidad, ignorando que su benignidad te guía al arrepentimiento?" (Romanos 2:4).

CAPÍTULO NUEVE

La debilidad del reino de Dios

¿Debilidad del reino de Dios?

La debilidad del reino de Dios, es un factor o aspecto del reino que no debemos ignorar. *¿Debilidad del reino de Dios?* La pregunta suena ridícula, irrespetuosa y hasta irreverente; sin embargo, al entender este rasgo y característica del sistema de Dios, nos dará mayor luz sobre algunas de nuestras circunstancias y situaciones humanas.

Y para aclarar el título de este capítulo, empecemos con la siguiente porción bíblica: "Porque lo loco de Dios es más sabio que los hombres; y lo flaco (débil) de Dios es más fuerte que los hombres. Porque mirad, hermanos, vuestra vocación, que no sois muchos sabios según la carne, no muchos poderosos, no muchos nobles; antes lo necio del mundo eligió Dios, para avergonzar a los sabios; y lo flaco del mundo eligió Dios, para avergonzar lo fuerte; y lo vil del mundo y lo menospreciado eligió Dios, y lo que no es, para deshacer lo que es, para que ninguna carne se jacte en su presencia. Mas de él sois vosotros en Cristo Jesús, el cual nos ha sido hecho por Dios sabiduría, y justificación, y santificación, y redención; para que, como está escrito: El que se gloría, gloríese en el Señor" (I Corintios 1:25-31).

¿Qué clara es la palabra de Dios, verdad? Cuando la Escritura dice, que lo "flaco y loco de Dios" es más fuerte que los hombres. ¿Sabe usted de quién y a qué se refiere, bajo la inspiración del Espíritu Santo, nuestro amado hermano Pablo? ¡Pues para sorpresa nuestra, nosotros, los cuales hemos sido rescatados del mundo, somos lo débil y loco de Dios! Sí, nosotros somos lo necio, lo flaco, lo vil del mundo; lo menospreciado y lo que no es. ¡Según el versículo veinticinco, lo flaco del mundo, ahora es (tiempo presente) lo flaco de Dios; pero más fuerte que los hombres! ¿Y qué es lo loco de Dios? ¡Nosotros somos lo loco de Dios, pero más sabio que los hombres! ¿Cuál es, entonces, la debilidad del sistema de Dios? ¡Afirmamos, pues, que nosotros somos la debilidad del sistema de Dios! "Para que ninguna carne se jacte en su presencia... Para que, como está escrito: ¡El que se gloría, gloríese en el Señor!" (I Corintios 1:29-31).

La estructura legítima y bíblica, ¿garantiza la justicia del reino de Dios? Si hubo un tiempo cuando existió y funcionó la estructura y sistema de Dios, en su forma más pura y apegada a las Escrituras, fue en el tiempo de la iglesia primitiva, donde ministraban los apóstoles originales; cuyas vidas y escritos sirvieron como fundamento para la iglesia. Es lógico pensar y concluir, que la estructura original y la presencia de los apóstoles asegurarían la justicia del reino de Dios; pero no es así, como lo aclara la siguiente porción bíblica. "Ruego a los ancianos que están entre vosotros, yo anciano también con ellos, y testigo de las aflicciones de Cristo, que soy también participante de la gloria que ha de ser revelada: Apacentad la grey de Dios que está entre vosotros, teniendo cuidado de ella, no por fuerza, sino voluntariamente; no por ganancia deshonesta, sino de un ánimo pronto; y no como teniendo señorío sobre las heredades del Señor, sino siendo dechados (ejemplos) de la grey" (I Pedro 5:1- 4).

Una vez más el elemento humano asoma su cabeza; y de nuevo detectamos una grieta en el sistema de Dios. El anciano Pedro escribe a los ancianos de la iglesia, instruyéndoles de qué manera deberían apacentar y cuidar la grey del Señor: "No por fuerza, no por ganancia deshonesta, y no como tendiendo señorío sobre las heredades del Señor; sino voluntariamente, de ánimo presto, y siendo ejemplos de la grey." Al inicio de su exhortación, el apóstol Pedro se autodenomina *anciano*; y deducimos que, a los ancianos a quienes él escribe, son ancianos apóstoles, profetas, evangelistas, pastores y maestros. La frase que nos conduce a esta deducción, es: *"yo también anciano con ellos,"* en la cual Pedro, sin mencionar su apostolado, se incluye en ella. En esta ocasión, él no utiliza su autoridad apostólica para ordenar y dar mandamiento, sino que *ruega* a los ancianos a no enseñorearse de la grey. ¿Por qué lo hizo de esta forma? Lo hizo así para mostrarse como ejemplo, y dar validez a su propio consejo y advertencia. Esta lección es muy importante, para los que hoy deseamos practicar la forma correcta del gobierno de Dios.

Pregunta importante
Si la iglesia funcionaba dentro de la estructura del reino de Dios, en su forma más pura,   ¿por qué el apóstol Pedro amonesta a los ancianos líderes, para que no abusen de su autoridad? Importantísima y muy buena pregunta. El apóstol

Pedro, bajo la inspiración del Espíritu Santo, exhortó y advirtió a los ancianos, que no abusaran de su autoridad apostólica, profética y pastoral; porque, precisamente, existía el peligro de que sucediera, esto es, que se enseñorearan de la grey. Entendamos, pues, que *no era autoridad humana* la que ejercían estos ancianos, sino la autoridad dada y establecida por Dios. Era *una autoridad legítima y espiritual.* ¿No garantizaba un gobierno justo *esta estructura y autoridad original, correcta y legítima*? Para dar respuesta a esta importante pregunta leamos el caso de un personaje bíblico, que *estaba dentro de la estructura bíblica y correcta*, pero total y completamente fuera de orden.

Diótrefes

"Yo he escrito a la *iglesia*; mas Diótrefes, que *ama tener el primado entre ellos* (la iglesia), no nos recibe. Por esta causa, si yo viniere, recordaré las obras que hace parlando con palabras maliciosas contra nosotros; y no contento con estas cosas, no recibe a los hermanos, y prohíbe a los que los quieren recibir, y los echa de la iglesia. Amado, no sigas lo que es malo, sino lo que es bueno. El que hace bien es de Dios; mas el que hace mal, no ha visto a Dios. Todos dan testimonio de Demetrio, y aun la misma verdad, y también nosotros damos testimonio; y vosotros habéis conocido que nuestro testimonio es verdadero" (3ra Juan 9-12).

Diótrefes no era parte de una estructura democrática ni de un gobierno humano, sino que funcionaba dentro de la estructura bíblica y original. Él era, cuando menos, un anciano, un pastor o quizás un doctor o un profeta. ¿Cómo lo sabemos? Diótrefes estaba *entre ellos*. Obviamente, él ejercía fuerte influencia y autoridad en la *iglesia,* pues los hermanos se sujetaban a sus órdenes, al grado de no recibir a Juan y a los demás hermanos; y a los que tenían el valor de recibirlos, los expulsaba de la iglesia. En este particular caso, la raíz del problema *no era una estructura errónea y equivocada de gobierno*, sino su egocentrismo, pues él *"amaba tener el primado."* Amaba estar en la posición de honra, importancia y autoridad. La naturaleza y los "valores" del otro sistema (la sabiduría terrenal, animal y diabólica) infiltraron lo puro y lo limpio, y corrompieron su corazón. Pero no corrompieron el corazón de Demetrio, pues todos daban testimonio de él, y aun la misma verdad, como también el apóstol Juan. La carnalidad, arrogancia y prepotencia de Diótrefes, representan la grieta (falla) en el sistema de Dios.

Éste es, exactamente, el engaño que hoy ha permeado nuestro ambiente: pensar que sólo por no participar en las estructuras de gobierno democráticas, humanas y seculares ya estamos automáticamente en el sistema de Dios. ¡Ojalá fuese así! Sería todo fácil y sencillo. La verdad es que las cosas son un poco más complicadas. El apóstol Pedro exhortó a los ancianos de la iglesia primitiva a guardar un corazón limpio; y permanecer en un espíritu de siervo humilde y sencillo; porque, a pesar de su llamado espiritual, eran susceptibles a la corrupción y al engaño. Hoy, la exhortación y la advertencia, siguen en pie.

Ahora bien, con todo lo antes dicho, hemos aprendido que, la estructura legítima, original y correcta, en sí misma *no garantiza* la justicia del Reino. Practicar la estructura bíblica del gobierno de Dios, mas sin vivir sus valores y su naturaleza, es decir, el fruto del Espíritu, es el equivalente a ser catalogado como "nubes sin agua, llevados de acá para allá de los vientos… *teniendo apariencia de piedad*, mas habiendo negando la eficacia de ella…" (Judas versículo 12; II Timoteo 3:5).

La ventaja del sistema de hombre

Los sistemas humanos tienen una ventaja sobre el sistema de Dios. Esa ventaja consiste en que sus posiciones o niveles de autoridad son oficiales y reconocidos democráticamente por voto popular o por su posición legal ante el gobierno civil. Esto tiene un gran impacto sicológico, porque como seres humanos tendemos a ser influenciados por lo constitucional. Este elemento apela a los delirios de grandeza y, aunque no se viva en el Espíritu, se sostiene la estructura en función; y también sus adherentes, aunque no sea de corazón o no les "caigan bien" sus líderes, siguen sujetos a ellos, por razon de lo oficial, legal o por temor al hombre. En el sistema de Dios no es así, ni debe ser de esa manera; ya que, para que dicho sistema funcione, es necesario que los vasos de barro caminen *siempre* en el Espíritu. Si no caminan así, el sistema deja de funcionar. Si se deja de andar en el Espíritu, también se disipará todo reconocimiento, respeto y sujeción al liderazgo espiritual; ni aun habrá suficiente *discernimiento* para identificar y reconocer los vasos llamados por Dios. Esto también trabaja a la inversa: si no se camina en el Espíritu, *tampoco* el liderazgo presidirá con justicia, equidad e integridad. Su sentido de espiritualidad y responsabilidad se corromperá, llevándoles al mal uso y abuso de su autoridad. Esto es, precisamente, su *"debilidad."*

El entendimiento equivocado de que no debe haber ninguna estructura, ni cadena de mando en el sistema de Dios, denota la ignorancia crasa sobre cómo funciona dicho sistema. Por ejemplo, si una congregación local observa que su pastor no está bajo ninguna cobertura, se debilitan el reconocimiento, respeto y sujeción hacia él, igual que a los demás niveles de ministerios.

Nosotros somos testigos de esta anomalía, porque lo hemos visto en el ambiente donde, común y equivocadamente, se han denominado: *"Los independientes."* La verdad es que nadie es independiente. Todos dependemos de Dios, como también los unos de los otros. Nuestro Creador nos ha diseñado con el propósito de que, bajo una autoridad justa, imparcial, legítima y delegada, tengamos dirección y protección. De otra manera, al no estar bajo ninguna cobertura, *"los independientes* se convierten más bien en *"los ilegales,"* ¡sin ley!

Analogía de Cristo y la Iglesia
La relación de Cristo con la iglesia, comparada con la relación del esposo con la esposa, nos ayudará a entender mejor el concepto de la flaqueza o debilidad de Dios. "Porque ninguno aborreció jamás a su propia carne, antes la sustenta y regala, *como también Cristo a la iglesia.* Porque somos miembros de su cuerpo, de su carne y de sus huesos. Por esto dejará el hombre a su padre y a su madre, y se allegará a su mujer, y serán dos en una carne. Este misterio grande es; mas yo digo esto con respecto a *Cristo y la iglesia"* (Efesios 5: 29-32).

Vaso frágil
"Vosotros, maridos, semejantemente, habitad con ellas según ciencia, dando honor a la mujer como a *vaso más frágil* (débil), y como a coherederas de la gracia de la vida; para que vuestras oraciones no sean impedidas" (I Pedro 3:7). "Y Adán no fue engañado, sino la mujer, siendo seducida, vino a ser envuelta en transgresión" (I Timoteo 2:14).

Las escrituras, que hablan de Cristo y la iglesia, hacen referencia a la relación y experiencias de Adán y Eva en el jardín del Edén. El punto es que, de acuerdo a la enseñanza de Pablo, Adán no fue el objeto directo del engaño por parte de la serpiente, sino Eva; porque ella era el vaso más frágil. Así también la iglesia, siendo la *"esposa, mujer del cordero,"* es la parte débil y frágil de Dios. Cristo es el postrer Adán, y nosotros somos carne de su carne y hueso de sus huesos. "Este misterio grande es; mas yo digo esto con respecto a Cristo y a la iglesia" (Efesios 5:32).

Es imposible que el enemigo pueda tocar a Dios, pero sí puede tocarlo indirectamente a través de nosotros, su iglesia: lo débil y lo frágil del Todopoderoso. Por lo tanto, es inexplicable que el Señor, en su soberanía, haya determinado no *hacer nada* sin la iglesia. Todo su plan de redención lo lleva a cabo en conjunto con su iglesia, por medio de la fe, la obediencia, la predicación y la oración. *¡Nada hace sin ella!* Somos herederos y coherederos de Cristo, así como Pedro llama a la mujer coheredera junto a su marido (Romanos 8:17; I Pedro 3:7).

Elementos irreconciliables
Todo esto es contrastante, ¡pero sublime! Porque en este Reino se fusiona lo eterno con lo temporal, la inmortalidad con lo mortal, lo celestial con lo terrenal, lo divino con lo humano, lo perfecto con lo imperfecto, la locura con la sabiduría, lo débil con lo fuerte, lo vil con lo sagrado, lo menospreciado con lo honroso, la nada con el todo; lo que por naturaleza no puede mezclarse, ni puede ser. Es como tratar de unir el aceite con el agua, o conciliar el agua con el fuego. ¡No se puede! ¡Es imposible! Pero para nuestro Dios, ¡todo es posible! Él se deleita en realizar lo inalcanzable; y nosotros llamamos a sus portentosas y maravillosas obras: ¡un milagro!

En este caso, el milagro consiste en que su reino eterno y celestial, donde se hace su perfecta voluntad, lo trajo con él a este mundo. Es un reino perfecto de justicia, paz y gozo; y lo fusionó con el elemento imperfecto y humano, llamado: La Iglesia (ekklesía), nosotros, lo vil, lo menospreciado y lo que no es; rescatados de un mundo de pecado. "Librados de la potestad de la tinieblas, y trasladados al reino de su Amado Hijo!" (Colosenses 1:13). ¡Los resultados milagrosos de esta unión entre lo celestial y lo terrenal, son: salvación, justificación, santificación, redención, restauración, liberación, sanidad; y por fin… la vida eterna!

Nosotros, el *elemento humano,* somos la debilidad del reino de Dios. Mas como hijos de Dios, es posible caminar en el Espíritu por la fe, pues él *"nos ha hecho participantes de la naturaleza divina"* (II Pedro 1: 4). ¡Gloria a Dios! *"Tenemos empero este tesoro en vasos de barro, para que la alteza (excelencia) del poder sea de Dios, y no de nosotros"* (II Corintios 4:7). El sistema de Dios, a pesar de nosotros (*lo loco y débil del reino*), es superior a cualquier sistema humano.

"Y *el Espíritu y la Esposa* dicen: Ven. Y el que oye, diga: Ven. Y el que tiene sed, venga. Y el que quiera, tome del agua de la vida de balde" (Apocalipsis 22:17).

Las parábolas del Reino
Nota especial

Las parábolas son ilustraciones y similitudes, que nos ayudan a comprender diversos aspectos y dimensiones del reino de Dios. Éstas son historias de su gobierno. El Señor Jesucristo, una y otra vez, hablaba del Reino, y, con historias tras historias, revelaba verdades desde otras perspectivas. Estas analogías (parábolas o comparaciones) revelan la preeminencia, superioridad e importancia de la naturaleza y ética de su sistema. Mediante ellas, el Señor ilustró los diversos aspectos, preceptos, principios y valores del reino. Además, dio a concer el venidero mundo gentil que había de tomar parte en su Reino. "Todo esto habló Jesús por parábolas a la gente, y sin parábolas no les hablaba. Para que se cumpliese lo que fue dicho por el profeta, que dijo: Abriré en parábolas mi boca, rebosaré cosas escondidas desde la fundación del mundo" (Mateo 13:34, 35).

"Entonces, llegando los discípulos, le dijeron: ¿Por qué les hablas por parábolas? Y él respondiendo, les dijo: Porque a vosotros es concedido saber los misterios (secretos) del reino de los cielos; mas a ellos no es concedido. Mas bienaventurados vuestros ojos, porque ven; y vuestros oídos, porque oyen. Porque de cierto digo, que muchos profetas y justos desearon ver lo que veis, y no lo vieron; y oír lo que oís, y no lo oyeron"

(Mateo 13:10, 11, 16, 17).

La paradoja es que, no a todos los que escucharon, les fueron reveladas las "cosas escondidas" del reino (los secretos y misterios); sólo a los bienaventurados. Hoy, la situación es la misma. "El que tiene oídos para oír, oiga" (Mateo 13:43).

CAPÍTULO DIEZ

La parábola del grano de mostaza

"Otra parábola les propuso, diciendo: El reino de los cielos es semejante al grano de mostaza, que tomándolo alguno lo sembró en su campo. El cual a la verdad es la más pequeña de todas las simientes; mas cuando ha crecido, es la mayor de las hortalizas (hierbas), y se hace árbol, que vienen las aves del cielo y hacen nido en sus ramas" (Mateo 13:31, 32).

La evidente y obvia aplicación

En esta parábola, el Señor nos enseña que el reino de Dios tiene, aparentemente, pequeños e insignificantes principios. Éstos son invisibles y espirituales. No se perciben con el ojo natural, sino con el entendimiento y el ojo de la fe. El Maestro compara el Reino con la más pequeña de las simientes. Sin embargo, al crecer ésta, la más pequeña de todas las simientes, se hace un gran árbol. Así es el reino de Dios, cuyos principios y valores reflejan su misma naturaleza o sustancia; pero como sucede con toda semilla, no da su fruto o resultados de forma inmediata. Por lo mismo, existe la tentación de ignorarlos y de no vivirlos congruente y consistentemente. No se trata de los talentos o dones espirituales que relumbran en público, y que pueden recibirse instantáneamente; se trata de las cualidades del carácter piadoso de Cristo, que desarrollamos y demostramos en nuestro estilo de vida. Estas cualidades son como los pequeños e irreprimibles granos de mostaza; y lo único que perdurará en la vida, es el fruto de esta aparente e insignificante simiente: ¡*El fruto del Espíritu*! Esto no se recibe en un evento, sino que se desarrolla en el proceso y la jornada de la vida. ¡Ésta es la mostaza del Reino, que nunca dejará de ser... porque tales principios son irreprensibles! "Mas el fruto del Espíritu es: amor, gozo, paz, tolerancia, benignidad, bondad, fe, mansedumbre, templanza; contra tales cosas no hay ley" (Gálatas 5:22, 23).

"Si yo hablase lenguas humanas y angelicales, y no tengo amor, vengo a ser como metal que resuena, o címbalo que retiñe. Y si tuviese profecía, y entendiese todos los misterios y toda ciencia; y si tuviese toda la fe, de tal manera que traspasase los montes, y no tengo amor, nada soy. Y si repartiese toda mi hacienda para dar de comer a pobres, y si entregase mi cuerpo para ser quemado, y no tengo amor, de nada me sirve. El amor es sufrido, es benigno; el amor no tiene envidia, el amor no obra sinrazón, no se ensancha; no es injurioso, no busca lo suyo, no se irrita, o piensa el mal; no se huelga de la injusticia, mas se huelga de la verdad; todo lo sufre, todo lo cree, todo lo espera, todo lo soporta. El amor nunca deja de ser; mas las profecías se han de acabar, y cesarán las lenguas, y la ciencia ha de ser quitada" (I Corintios 13:1-8).

"Porque el que siembra para su carne, de la carne segará corrupción; mas el que siembra para el Espíritu, del Espíritu segará vida eterna. No nos cansemos, pues, de hacer bien; que a su tiempo *segaremos,* si no hubiéremos desmayado. Así que, entre tanto que tenemos tiempo, hagamos bien a todos, y mayormente a los domésticos de la fe" (Gálatas 6: 6-10).

Es muy fácil leer estas escrituras, y decir amén a ellas; mas otra cosa es asimilarlas y vivirlas. Se derraman lágrimas y se sufre para sembrarlas y cultivarlas, pero ya sembradas y germinadas producen, a su tiempo, mucho fruto. "Los que *sembraron con lágrimas,* con *regocijo segarán.* Irá andando y llorando el que lleva la *preciosa simiente,* mas volverá a venir con regocijo, trayendo sus gavillas" (Salmos 126:6, 7). Por eso mismo, en el sermón del monte, el Señor instruyó a sus discípulos y a las gentes. "Mas yo os digo: Amad a vuestros enemigos, bendecid a los que os maldicen, haced bien a los que os aborrecen, y orad por los que os ultrajan y os persiguen; para que seáis hijos de vuestro Padre que está en los cielos, que hace que su sol salga sobre malos y buenos, y llueva sobre justos e injustos" (Mateo 5:44, 45). A este grado radical y exagerado de amar aun a los que nos aborrecen, y, particularmente, bajo estas circunstancias difíciles, contrarias y desagradables, es donde debemos seguir sembrando la simiente del Reino. En realidad, éste es el terreno fértil donde se siembra, crece, florece y se reproduce esta preciosa semilla.

Informe de un erudito (la perspectiva no evidente ni obvia)
La siguiente información es tomada del libro The Historical Jesus: The Life of a Mediterranean Peasant (El Jesús Histórico: La Vida de un Campesino Mediterráneo), escrito por John Dominic Crossan, Harper Collins Publishers, en el cual cita al Anciano Pliny, 23-79 A.D., quien, en su enciclopedia Historia Natural, escribió datos muy importantes relacionados con la planta de mostaza, que nos ayudarán a entender una distinta y muy interesante dimensión del reino de los cielos.

"Con su fuerte y picante sabor, la mostaza es de grande beneficio para la salud. Ésta crece enteramente en forma silvestre; aunque puede mejorarse al ser trasplantada o domesticada. Pero, aún cuando el agricultor o el horticultor cultivan la semilla mejorada, por razón de sus propiedades culinarias o medicinales, existe el continuo peligro de que destruya el jardín. Pues cuando se planta es casi imposible controlarla, porque se germina inmediatamente."

"Aparte de la mostaza domesticada, tales como la brassica *nigra o sinapis alba,* hay la mostaza silvestre, *charlock y sinapis arvenis;* cuyas plantas, desde tiempo inmemorial, han sido halladas en los campos de grano y legumbres. La mostaza aun domesticada es peligrosa en el jardín; y como silvestre es mortífera en los campos de cosechas. *El punto no es que sólo comienza pequeña y termina grande*, sino que *su tendencia de crecer, en forma rápida e incontrolable, la hace una planta peligrosa e indeseable."*

Una comparación que causó controversia
El Señor Jesucristo, el gran iconoclasta, usó analogías improbables o indeseables para describir el reino de los cielos. La mostaza era una hierba indeseable, porque su tendencia era crecer fuera de control, ahogar a las demás plantas, y apoderarse del terreno donde se daba a crecer. No cabe la menor duda, que la audiencia del Señor estaba bien consciente de las comparaciones polémicas y escandalosas que él hizo a través de sus parábolas, pues en algunos casos llegó a comparar el reino de Dios con objetos y elementos negativos, indeseables y deshonrosos.

Interesantemente, el Maestro ubicó la parábola de la mostaza en medio de la parábola del trigo y la cizaña, y su explicación. Aquí les habló de la cizaña (una mala hierba), que creció entre el trigo (la buena semilla); y dentro de este contexto, comparó su reino con una hierba cuestionable: *la mostaza. Y como hierba, ésta tenía la capacidad de crecer en cualquier terreno.*

El pueblo judío, de esa época, debió haber estado consciente del crecimiento silvestre de la mostaza, y también de su comparación absurda con el reino de los cielos; pues aún había leyes rabínicas que prohibían plantar la mostaza en un jardín doméstico, ya que siempre existía el peligro de que esta planta invadiera y se apoderara de todo el terreno. Y, a pesar de todo lo antes dicho, tenemos aquí al Señor Jesucristo ilustrando, con esta vil hierba, la manera en que el reino de los cielos habría de expandirse. Muchos en Israel tenían grandes ilusiones de que el reino de Dios llegara con gran triunfo militar; estaban bien familiarizados con los imponentes cedros del Líbano, que eran citados en su literatura bíblica (El Tanach). Estos árboles representaban majestad, grandeza y potencia. Si el Señor hubiera usado uno de estos árboles grandiosos para describir su Reino, de cierto hubiera tenido una mayor aceptación entre sus oyentes. Al contrario, la mostaza que, en su aspecto negativo, era una hierba indeseable y peligrosa, sólo crecía máximo unos ocho o nueve pies de altura. De plano, ésta era una comparación muy pobre, y aun absurda; pero recordemos que nuestro Dios así trabaja: con lo absurdo, lo menospreciado, lo ridículo, la locura y lo débil. Tomemos en cuenta que ellos aspiraban y esperaban un reino literal y poderoso, pues Dios les había prometido que él habría de restituir el reino a Israel; y ahora, ¡el Señor sale con la idea de que su Reino es como una hierba!

La milicia del Reino no es un ataque directo contra las tinieblas ni con los reinos terrenales de este mundo; sino un *"contagio"* o una *"plaga"* sutil, según el Maestro, que *"infecta"* con su ética y sus valores espirituales una tras otra vida. Y cuando sus enemigos tratan de erradicarla, por considerarla peligrosa como a un cáncer maligno, ella se replica y se multiplica más y más; ¡nadie puede ni podrá controlarla!

Minucios Félix, uno de tantos perseguidores de la iglesia cristiana en los primeros siglos, maldijo a los creyentes, llamándolos: *"Una profana conspiración"* y *"una confederación impía,"* que se estaba multiplicando por todo el mundo como un *"crecimiento espontáneo de malas hierbas."* Éste declaró, que deberían de ser exterminadas y desarraigadas a todo costo; pero años después, él también fue *infectado* por este *árbol de mostaza,* y entregó su vida al Señor. También Saulo de Tarso, después Pablo, el apóstol a los gentiles, fue conquistado por el mismo poder *"contagioso"* del evangelio, convirtiéndose en el más prolífico sembrador de este desacreditado y *"nefando"* grano.

Elemento indeseado

En este caso y de esta distinta perspectiva, el elemento indeseado y prohibido en el jardín o huerto de un judío, y la figura negativa de la mostaza que crece fuera de control en el campo (el mundo), *somos nosotros, los gentiles;* considerados como los desagradables, inmundos y detestables paganos, que no teníamos parte ni suerte con el pueblo de Dios. "Por tanto, acordaos que en otro tiempo vosotros los gentiles en la carne, que erais llamados incircuncisión por la que se llama circuncisión, hecha con mano en la carne. Que en aquel tiempo *estabais sin Cristo, alejados* de la república de Israel, y *extranjeros* a los pactos de la promesa, *sin esperanza y sin Dios en el mundo"* (Efesios 2:11, 12).

"Por esta causa yo Pablo, prisionero de Cristo Jesús por vosotros los gentiles; si es que habéis oído la dispensación de la gracia de Dios que me ha sido dada para vosotros, a saber, que por *revelación* me fue declarado el misterio, como antes he escrito en breve; leyendo lo cual podéis entender cuál sea mi inteligencia en el misterio de Cristo. El cual misterio en los otros siglos no se dio a conocer a los hijos de los hombres, como ahora es revelado a sus santos apóstoles y profetas en el Espíritu: *que los gentiles sean juntamente herederos, e incorporados, y consortes de su promesa en Cristo por el evangelio*, del cual yo soy hecho ministro por el don de la gracia de Dios que me ha sido dado según la operación de su potencia" (Efesios 3:1-7). Metafóricamente, nosotros los gentiles, somos la *"hierba infame"* de la parábola.

La mostaza molida

Un punto importante más: La única forma de sacarle provecho a las propiedades culinarias y medicinales de la mostaza, es *moliéndola.* ¡Así es el reino de los cielos! El profeta Isaías lo describe de la siguiente manera: "¿Quién ha creído a nuestro anuncio? ¿Y sobre quién se ha manifestado el brazo del Señor? Subirá cual renuevo delante de él, y como raíz de tierra seca. No hay parecer en él, ni hermosura; verlo hemos, mas sin atractivo para que le deseemos. *Despreciado y desechado* entre los hombres, varón de dolores, *experimentado en quebranto;* y como que escondimos de él el rostro, fue *menospreciado,* y no lo estimamos. Ciertamente llevó él nuestras enfermedades, y sufrió nuestros dolores; y nosotros le tuvimos por *azotado,* por *herido* de Dios y *abatido.* Mas él herido fue por nuestras rebeliones, *molido* por nuestros pecados, el castigo de nuestra paz sobre él; y por su llaga fuimos nosotros curados" (Isaías 53:1-5).

Ésta es la vida que brota de la misma muerte. Y por la misma razón por la que el Señor fue molido, para establecer su Reino en la tierra, todavía usa lo quebrantado, lo herido, lo abatido y lo *molido*, para seguir dando vida. Por eso está escrito: *"Llevando siempre por todas partes la muerte de Jesús en el cuerpo, para que también la vida de Jesús sea manifestada en nuestros cuerpos. Porque nosotros que vivimos, siempre estamos entregados a muerte por Jesús, para que también la vida de Jesús sea manifestada en nuestra carne mortal"* (II Corintios 4:10, 11). Nuestro Rey fue molido por todos nosotros, los hijos del reino; y por medio de nuestra fe en el Señor, la mostaza molida, somos también molidos, y "participantes en la tribulación, en el reino, y en la paciencia de Jesucristo..." (Apocalipsis 1:9).

CAPÍTULO ONCE

La parábola de la levadura

"Otra parábola les dijo: El reino de los cielos es semejante a la levadura que tomó una mujer, y escondió en tres medidas de harina, hasta que todo quedó leudo" (Mateo 13:33).

Aclarando el sentido negativo de la levadura

No es coincidencia que, después de la parábola de la mostaza, siga la parábola de la levadura; porque en ambas el Señor recalca lecciones similares, usando elementos negativos, para describir el multiforme crecimiento de su Reino. En la parábola de la mostaza se enfoca en el desarrollo espiritual, externo y numérico; y en la de la levadura, en el crecimiento interior y espiritual, así como en su influencia sutil para leudar la sociedad (la masa). Reiteramos, pues, que el distintivo de estas dos parábolas es el uso de elementos negativos, para ilustrar el crecimiento interno, externo y cuestionable del reino de Dios. Existe una razón clara y fuerte por la cual lo hizo así el Señor, y ésta la declararemos más adelante, en este mismo capítulo.

La fiesta judía de la Pascua incluye la celebración de los panes sin levadura, simbolizando con ella la salida inmediata de Egipto. La levadura, en este caso, representa el impedimento para salir de Egipto y la esclavitud. Por lo tanto, no era considerada como algo positivo o deseable por el pueblo judío, ya que era *símbolo del impedimento a la libertad de la esclavitud, del pecado y de la hipocresía.* El Señor usó este mismo símbolo para advertir a los discípulos, que se guardaran de la hipocresía y de las doctrinas contaminantes de los fariseos y saduceos. También el apóstol Pablo, en su carta a los Corintios, compara la levadura con la malicia y la maldad. Las siguientes escrituras confirman lo antes dicho, es decir, el uso de la levadura como algo indeseable y repulsivo

"Y Jesús les dijo: Mirad y *guardaos de la levadura de los fariseos y saduceos...* ¿Cómo es que no entendéis que no por el pan os dije, que os *guardaseis de la levadura de los fariseos y de los saduceos?* Entonces entendieron que no les había dicho que se guardasen de la levadura de pan, sino de *la doctrina de los fariseos y de los saduceos*" (Mateo 16:6, 11, 12).

"En esto, juntándose muchas gentes, tanto que unos a otros se hollaban, comenzó a decir a sus discípulos, primeramente: Guardaos de *la levadura de los fariseos, que es hipocresía*" (Lucas 12:1)

"Y les mandó, diciendo: Mirad, guardaos de *la levadura de los fariseos, y de la levadura de Herodes*" (Marcos 8:15).

Pablo, el apóstol de los gentiles, utiliza la metáfora de la levadura, para reprender a los corintios en contra del pecado que habían permitido en la iglesia, el cuerpo de Cristo; y lo hace refiriéndose a los panes sin levadura, elementos integrales de la fiesta pascual. "No es buena vuestra jactancia. ¿No sabéis que *un poco de levadura leuda toda la masa? Limpiad, pues, la vieja levadura,* para que seáis nueva masa, como *sois sin levadura;* porque nuestra pascua, que es Cristo, fue sacrificada por nosotros. Así que hagamos fiesta, *no en la vieja levadura, ni en la levadura de malicia y de maldad,* sino en ázimos de sinceridad y verdad" (I Corintios 5:6, 7).

Un elemento innoble y despreciable

A pesar de la evidencia negativa de la levadura, como lo hizo en la parábola, el Señor se atreve a usar este indeseable y despreciable elemento, para ilustrar la manera en que el reino de los cielos se expande internamente como un penetrante y sutil *"contaminante".* Él estaba, mediante estas parábolas, preparando sutilmente a la nación judía, *para la transición e introducción de multitudes de gentiles al reino de Dios,* sacudiendo desde entonces y hasta el tiempo presente, con efectos profundos, los conceptos establecidos del mundo judío, como también los del mundo gentil y pagano. Por esta razón, el Señor Jesucristo es el gran iconoclasta por excelencia: destruye los dogmas y las ideas preconcebidas y altamente valoradas, causando que el religioso y no religioso se "retuerzan en sus propios zapatos."

Lo interesante es que, la levadura en esta parábola no simboliza pecado o iniquidad, sino los preceptos, los valores, la esencia o la naturaleza misma del reino de Dios. La mujer de dicha parábola, "mete las manos en la masa," y esconde las tres medidas de levadura. Se esconde, o mejor dicho, se practica en la vida diaria, íntima y privada, la ética del reino que, eventualmente, invade toda la masa. Los gentiles, escogidos de toda nación, lengua, tribu, e "infectados" y redimidos por el evangelio, también somos semejantes a la levadura que leuda toda la masa por el poder del mismo evangelio. El Señor nos ha llamado para infiltrar el sistema secular y religioso mediante los preceptos, valores, cualidades y espíritu del reino, afectando la masa con este tipo de levadura. Somos nosotros, los gentiles redimidos, el medio que Dios usa para "contaminar" la masa, pues los preceptos, valores y naturaleza del Reino son manifestados a través de nuestras vidas. "Y será predicado este *evangelio del reino* en todo el mundo, *por testimonio* a todos los *gentiles*; y entonces vendrá el fin" (Mateo 24:14).

Levadura en Babilonia

Examinemos en el Antiguo Testamento la vida de un varón de Dios, para ilustrar el concepto de infiltrar e impregnar la masa con los preceptos del reino de los cielos. En este caso la masa fue el Imperio Babilónico, un tenebroso y oscuro *sistema de hombre*. Daniel, junto con sus compañeros Ananías, Misael y Azarías, de los hijos de Judá, fue lo mejor de la *"levadura"* de los hebreos; éste había sido llevado cautivo a Babilonia, donde se distinguió en toda ciencia, conocimiento, sabiduría y en fuerza física. "Y dijo el rey a Aspenaz, príncipe de los eunucos, que trajese de los hijos de Israel, del linaje real de los príncipes, muchachos en quienes no hubiese tacha alguna, y de buen parecer, y enseñados en toda sabiduría, y sabios en ciencia, y de buen entendimiento, idóneos para estar en el palacio del rey; y que les enseñase las letras y la lengua de los caldeos" (Daniel 1:3-5).

Daniel comenzó como un principiante (una medida de levadura) en el reino de los caldeos, pero creció en toda ciencia, conocimiento y sabiduría, al igual que sus compañeros, los cuales fueron considerados diez veces mejores que los demás mancebos. "Entonces el rey engrandeció a Daniel, y le dio muchos y grandes dones, y púsolo por gobernador de toda la provincia de Babilonia, y por príncipe de los gobernadores sobre todos los sabios de Babilonia. Y Daniel solicitó del rey, y él puso sobre los negocios de la provincia de Babilonia a *Sadrac, Mesac y Abed-nego;* y Daniel estaba a la puerta del rey" (Daniel 2:48, 49).

Daniel fue parte de un imperio pagano y cruel. Estuvo profundamente involucrado en ese sistema. Fue contado entre los sabios, magos, astrólogos y encantadores, cuando menos, hasta que les salvó la vida a todos ellos. Él fue el varón escogido por Dios, pero para el rey del imperio, hasta esa hora, sólo era uno de los sabios y magos. Pero todo esto cambió, cuando Dios lo distinguió y lo elevó sobre los demás gobernadores, sabios, magos y adivinos; revelándole el sueño y la interpretación del rey Nabucodonosor. Daniel descubrió, desde el principio, el poder de vivir una vida de integridad y santidad.

El desafío de Daniel

La fe de Daniel fue probada hasta lo máximo. El rey demandó a todos los sabios, que no solamente interpretaran su sueño, sino que también le declararan el mismo sueño que él había olvidado. Cuando no pudieron hacerlo, el rey, enfurecido, dio la orden de matar a todos los sabios del reino, incluyendo a Daniel y a sus amigos. Pero después que Daniel suplicó al rey una extensión de tiempo, y prometiéndole que le declararía el sueño y su interpretación, él y sus compañeros buscaron el rostro del Señor, suplicando la respuesta para el rey. De esta manera, a Daniel le fue revelado el sueño y su interpretación. Al declarar al rey el sueño y la interpretación, Daniel *demostró* una de las más potentes virtudes del reino de Dios: *"la levadura de la humildad."*

"Daniel respondió ante el rey, y dijo: El misterio que el rey demanda, ni sabios, ni astrólogos, ni magos, ni adivinos lo pueden enseñar al rey. Más hay un Dios en los cielos, el cual revela los misterios, y él ha hecho saber al rey Nabucodonosor lo que ha de acontecer en los postreros días. Tu sueño y las visiones de tu cabeza sobre tu cama, son esto: Tú, oh rey, en tu cama subieron tus pensamientos por saber lo que había de ser en lo por venir; y el que revela los misterios te mostró lo que ha de ser. Y a mí ha sido revelado este misterio, *no por sabiduría que en mi haya* más que en todos los vivientes, sino para que yo notifique al rey la declaración, y que entendieses los pensamientos de tu corazón" (Daniel 2:27-30).

En otras palabras, Daniel no se creía la *"gran cosa,"* o más inteligente que los demás; más bien, Dios había determinado que vivieran, y que Nabucodonosor recibiera el mensaje revelado para los postreros días. Él, entonces, prosiguió con el relato del sueño y su interpretación…

La infiltración de Daniel en el reino caldeo salvó su vida, la de sus compañeros, la de los magos y astrólogos; y culminó trayendo *la increíble conversión del mismo Nabucodonosor, rey de Babilonia.* ¡Esto sí es leudar toda la masa! "Mas al fin del tiempo, yo Nabucodonosor alcé mis ojos al cielo, y mi sentido me fue vuelto; y bendije al Altísimo, y alabé y glorifiqué al que vive para siempre; porque su señorío es sempiterno, y su reino por todas las edades. Y todos los moradores de la tierra por nada son contados; y en el ejército del cielo, y en los habitantes de la tierra, hace según su voluntad; ni hay quien estorbe su mano, y le diga: ¿Qué haces? En el mismo tiempo mi sentido me fue vuelto, y la majestad de mi reino, mi dignidad y mi grandeza volvieron a mí, y mis gobernadores y mis grandes me buscaron; y fui restituido a mi reino, y mayor grandeza me fue añadida. Ahora yo, Nabucodonosor, alabo, engrandezco y glorifico al Rey del cielo, porque todas sus obras son verdad y sus caminos juicio; y humillar puede a los que andan con soberbia" (Daniel 4:34-37).

La Biblia habla mucho de autoridad, poder y unción; pero no olvidemos que esta autoridad de poder, virtud y unción, proviene de nuestra humildad ante el Todopoderoso. Nuestra fortaleza siempre será la fe, un corazón contrito y humillado y un espíritu de servidor. ¡Esto es la levadura del reino! Si en la humildad y en el proceso de servir, Dios nos ensalzare, no olvidemos que *lo mismo que nos elevó, será también lo mismo que nos preservará.* En el reino de Dios, "el mayor es el siervo de todos…, y el que se humillare será ensalzado" (Mateo 20:26; 23:12). ¿Estamos suficientemente *"leudados"* con la levadura del reino, para *"contaminar"* toda la masa, la Babilonia actual, un poderoso sistema pagano, político, religioso, perverso y violento, del cual estamos hoy rodeados?

Concluimos pues, que la enseñanza de estas dos parábolas, la del grano de mostaza y la de la levadura, es: la infiltración sutil y el crecimiento o desarrollo irresistible del reino de Dios, por medio de elementos improbables y despreciables, como lo somos nosotros los gentiles, que ahora somos redimidos con la sangre preciosa del Cordero. Primordialmente, nuestra integridad y consagración a Dios, son demostradas en nuestra vida privada, y no sólo por nuestra imagen pública. Si hemos determinado no contaminarnos con este presente sistema, no hay nada ni nadie que pueda cambiar nuestro destino en Dios. Al contrario, nos convertimos en el *"contaminante"* de la masa, y no en los contaminados. "Por tanto, así dijo el Señor: Si te convirtieres, yo te responderé, y delante de mi estarás; *y si sacares lo precioso de lo vil,* serás como mi boca. *Conviértanse ellos a ti, y tú no te conviertas a ellos*" (Jeremías 15:19).

CAPÍTULO DOCE

La parábola del tesoro escondido

"**A**demás, el reino de los cielos *es semejante al tesoro escondido en el campo,* el cual hallado, el hombre lo encubre, y de gozo de ello va, y vende todo lo que tiene, y compra aquel campo" (Mateo 13:44).

Esta parábola nos enseña que, cuando algo de magnífico valor ha sido encontrado y se reconoce como tal, hasta la vida se pone para poseerlo. Así es el valor del reino de los cielos. Según el verso treinta y ocho de este mismo capítulo trece de Mateo, el *campo* es el *mundo*; y en esta parábola, *el Señor Jesucristo es el "hombre" que encuentra el tesoro en el campo,* el cual de gozo va y vende todo lo que tiene, y compra el campo para poder reclamar los derechos del tesoro. El campo es el mundo, y allí está escondido el tesoro.

"Sabiendo que habéis sido *rescatados (con precio)* de vuestra vana conversación, la cual recibisteis de vuestros padres, no con cosas corruptibles, como oro o plata; sino con la sangre preciosa de Cristo, como de un cordero sin mancha y sin contaminación" (I Pedro 1:18, 19).

"Y cantaban como un cántico nuevo delante del trono, y delante de los cuatro seres vivientes, y de los ancianos. Y ninguno podía aprender aquel canto, sino aquellos ciento cuarenta y cuatro mil, los cuales *fueron comprados dentre los de la tierra"* (Apocalipsis 14:3).

"Ahora pues, si diereis oído a mi voz, y guardareis mi pacto, vosotros seréis mi *especial tesoro* sobre todos los pueblos; *porque mía es toda la tierra.* Y vosotros seréis mi *reino de sacerdotes, y gente santa.* Éstas son las palabras que dirás a los hijos de Israel" (Éxodo 19:5, 6).

Esta última escritura, manifiesta el propósito original de Dios: que *todos* los hijos de Israel fueran *un reino* de sacerdotes, y gente santa. No que una sola tribu fuera santificada para tener el privilegio de ser sacerdotes. Así lo dijo él: "Seréis *mi reino de sacerdotes y gente santa,* si diereis oído a mi voz, y guardareis mi pacto." Sin embargo, no soportaron que Dios les hablara directamente, y pidieron a Moisés que fuera el mediador entre el Señor y ellos. "Y dijeron a Moisés: Habla tú con nosotros, que nosotros oiremos; mas no hable Dios con nosotros, porque no muramos" (Éxodo 20:19). "Porque no os habéis llegado al monte que se podía tocar, y al fuego encendido, y al turbión, y a la oscuridad, y la tempestad. Y al sonido de la trompeta, y a la voz de las palabras, *la cual los que la oyeron rogaron que no les hablase más*; porque no podían tolerar lo que se les mandaba…" (Hebreos 12:18-20).

Aunque el sacerdote tenía contacto directamente con Dios, ofrecía sacrificio primero para sí mismo; y después intercedía a favor del pueblo. El Señor estableció el orden sacerdotal para Israel, constituido de la tribu de Leví, de la casa de Aarón; pero no olvidemos que su propósito original, era que *todos los hijos de Israel fueran su reino de sacerdotes y gente santa.* Dios cumple sus propósitos a pesar de las debilidades y temores de su pueblo, pues lo hace por amor de su Nombre (Salmo 23:3). ¡Lo hace por causa de su propia reputación y testimonio!

Como ya lo dije antes, el "hombre" de la parábola "nos compra no con cosas corruptibles, como oro y plata; sino con la sangre preciosa de Cristo, como de un cordero sin mancha y sin contaminación" (I Pedro 1:18, 19). ¡Vende todo lo que tiene, y compra los derechos del campo con su propia vida!, para poder reclamar *el tesoro escondido,* el cual somos nosotros. El apóstol Pedro lo confirma en su primera epístola, y el lenguaje es idéntico al que leemos en el libro de Éxodo. "Mas vosotros sois *linaje escogido, real sacerdocio, gente santa, pueblo adquirido,* para que anunciéis las virtudes de aquel que os ha llamado de *las tinieblas* (el reino de tinieblas) a su luz admirable. Vosotros (gentiles) que en el tiempo pasado no erais pueblo, mas ahora sois pueblo de Dios; que en el tiempo pasado no habíais alcanzado misericordia, mas ahora habéis alcanzado misericordia" (I Pedro 2:9, 10). "Ahora pues, si diereis oído a mi voz, y guardareis mi pacto, *vosotros seréis mi especial tesoro sobre todos los pueblos; porque mía es toda la tierra.* Y vosotros *seréis mi reino de sacerdotes, y gente santa.* Éstas son las palabras que dirás a los hijos de Israel" (Éxodo 19:5, 6).

También el apóstol Juan, en el Apocalipsis, hace referencia al mismo tema: "Y cantaban como un cántico nuevo delante del trono, y delante de los cuatro animales, y de los ancianos. Y ninguno podía aprender el cántico, sino aquellos ciento cuarenta y cuatro mil, *los cuales fueron comprados de entre los de la tierra.* Éstos son los que no fueron contaminados con mujeres, porque son vírgenes. Éstos siguen al Cordero por donde quiera que él va. *Éstos fueron comprados de entre los hombres por primicias* para Dios y para el Cordero" (Apocalipsis 14:3, 4). ¿Quiénes son estas primicias? ¡Nosotros los redimidos! "Él, de su voluntad, *nos ha* engendrado por la palabra de verdad, para *que seamos* primicias de sus criaturas" (Santiago 1:18). ¡Gloria a Dios!

El significado de la Pascua y del Pentecostés

Existe una última ilustración que, además de ser interesante, es significativa; y nos conviene examinarla. Cuando los hijos de Israel pidieron, que Dios no les hablara directamente, sino que hablara por medio de Moisés, fue el día en que ellos recibieron los Diez Mandamientos; *cincuenta días* después de haber salido de Egipto, o *cincuenta* días después de celebrar *la Pascua.* Fue un día de truenos y relámpagos, sonido de bocina, y fuego (Éxodo 19:16-18).

¿Qué sucedió cincuenta días después de la muerte, sepultura y resurrección del Señor Jesucristo? Ocurrió lo siguiente: "Y como se cumplieron los días de Pentecostés, estaban todos unánimes juntos; y de repente *vino un estruendo del cielo como de un viento recio que corría,* el cual hinchió toda la casa donde estaban sentados; y les aparecieron lenguas repartidas, *como de fuego,* que se asentó sobre cada uno de ellos. Y fueron todos llenos del Espíritu Santo, y comenzaron a hablar en otras lenguas, como el Espíritu les daba que hablasen" (Hechos 2:1-4).

En la fiesta judía de Pentecostés se celebraba la *recepción de la Ley* (la Torah), y las *primicias de la cosecha.* El viento y el fuego, símbolos del Espíritu Santo derramado sobre los ciento veinte, en el día de Pentecostés, es el mismo torbellino y fuego que Israel tuvo miedo aceptar, recibir y abrazar, para ser santificados como una nación de sacerdotes, y como un especial tesoro.

El Señor ha tomado del campo, es decir, del mundo, a quienes antes no éramos pueblo ni habíamos alcanzado misericordia, para formar un solo rebaño. La recepción de *la Ley* en el Monte Sinaí y la fiesta de *las primicias* de la siega en el día de Pentecostés, *representan la unión de dos pueblos, unidos por el sacrificio del Mesías de Israel.* "Luz para ser revelada a *los gentiles* y la gloria de *tu pueblo Israel"* (Lucas 2:32). "Y cantaban el *cántico de Moisés* siervo de Dios, y el *cántico del Cordero,* diciendo: Grandes y maravillosas son tus obras, Señor Dios Todopoderoso; justos y verdaderos son tus caminos, Rey de los Santos" (Apocalipsis 15:3). De esta manera es poblado el reino de Dios, con el tesoro encontrado en el campo (el mundo).

CAPÍTULO TRECE

La parábola de la perla de gran precio

"**T**ambién el reino de los cielos es semejante a un hombre tratante, que busca buenas perlas; y hallando una perla preciosa, fue y vendió todo lo que tenía, y la compró" (Mateo 13:45, 46).

En esta parábola, el hombre tratante es el creyente que lo deja todo por seguir a Cristo, y la perla de gran precio es Cristo. "Entonces Jesús dijo a sus discípulos: Si alguno quiere venir en pos de mí, niéguese a sí mismo, y tome su cruz y sígame. Porque cualquiera que quisiere salvar su vida, la perderá, y *cualquiera que perdiere su vida por causa de mí, la hallará* (la perla). Porque ¿de qué aprovecha al hombre, si granjeare todo el mundo, y perdiere su alma? ¿O que recompensa dará el hombre por su alma?" (Mateo 16:24-26).

"Entonces uno se llegó y le dijo: Maestro bueno, ¿qué bien haré para tener la vida eterna? Y él le dijo: ¿Por qué me llamas bueno? Ninguno es bueno sino uno, es a saber, Dios. Si quieres entrar en la vida, guarda los mandamientos. Dícele: ¿Cuáles? Y Jesús dijo: No matarás, no adulterarás, no hurtarás, no dirás falso testimonio, honra a tu padre y a tu madre, y amarás a tu prójimo como a ti mismo. Dícele el mancebo: Todo esto guardé desde mi juventud. ¿Qué más me falta? Dícele Jesús: Si quieres ser perfecto, (completo) anda, *vende lo que tienes,* y dalo a los pobres, y tendrás *tesoro en el cielo* (la perla); y ven, sígueme. Y oyendo el mancebo esta palabra, se fue triste, porque tenía muchas posesiones. Entonces Jesús dijo a sus discípulos: De cierto os digo, que un rico difícilmente entrará en el *reino de los cielos.* Más os digo, que más liviano trabajo es pasar un camello por el ojo de una aguja, que entrar un rico en el *reino de Dios.* Mas sus discípulos, oyendo estas cosas, se espantaron en gran manera, diciendo: ¿Quién, pues, podrá ser salvo? Y mirándolos Jesús, les dijo: Para los hombres esto es imposible; mas para Dios todo es posible. Entonces respondiendo Pedro, le dijo: He aquí nosotros *hemos dejado todo,* y te hemos seguido, ¿qué, pues, tendremos? Y Jesús les dijo: De cierto os digo, que vosotros que me habéis seguido, en la regeneración, cuando se siente el Hijo del Hombre en el trono de su gloria, vosotros también os sentaréis sobre los doce tronos, para juzgar a las doce tribus de Israel. Y cualquiera que dejare casas, o hermanos o hermanas, o padre, o madre, o mujer, o hijos, o tierras, por mi Nombre, recibirá cien veces tanto, y heredará la vida eterna (la Perla de Gran Precio)" (Mateo 19:16-29). *Paréntesis del autor.*

"Pero las cosas que para mí eran ganancia, *helas considerado pérdida* por amor de Cristo. Y ciertamente, *aun considero todas las cosas pérdida* por el eminente conocimiento de Cristo Jesús, mi Señor, por amor del cual *lo he perdido todo*, y lo tengo por estiércol, para ganar a Cristo" (Filipenses 3:7, 8).

"Y decía a todos: Si alguno quiere venir en pos de mí (la perla), niéguese a sí mismo, y tome su cruz cada día, y sígame" (Lucas 9:23).

"Porque yo por la ley soy muerto a la ley, para vivir a Dios. Con Cristo estoy juntamente crucificado, y vivo, no ya yo, mas vive Cristo en mí. Y lo que ahora vivo en la carne, lo vivo en la fe del Hijo de Dios, el cual me amó, y se entregó a sí mismo por mí (Gálatas 2:19, 20).

Éste es el costo de la Perla de Gran Precio. Es el todo…, o nada. Para poder redimirnos, le costó todo a él; y vivir para Cristo, nos cuesta todo a nosotros. Él *lo hizo con gozo,* y *también con gozo* le damos nuestro todo a él. ¡Aleluya!

CAPÍTULO CATORCE

La parábola de los dos deudores

"Por lo cual el reino de los cielos es semejante a un hombre rey, que quiso hacer cuentas con sus siervos, y comenzando hacer cuentas, le fue presentado uno que le debía diez mil talentos. Mas éste, no pudiendo pagar, mandó su señor venderle, y a su mujer e hijos, con todo lo que tenía y que se lo pagase. Entonces aquel siervo, postrado, le adoraba, diciendo: Señor, ten paciencia conmigo, y yo te lo pagaré todo. El señor, movido a misericordia de aquel siervo, le soltó y le perdonó la deuda. Y saliendo aquel siervo, halló a uno de sus consiervos, que le debía cien denarios; y trabando de él, le ahogaba, diciendo: Págame lo que debes. Entonces su consiervo, postrándose a sus pies, le rogaba, diciendo: Ten paciencia conmigo, y yo te lo pagaré todo. Más él no quiso; sino que fue, y le echó en la cárcel hasta que pagase la deuda. Y viendo sus consiervos lo que pasaba, se entristecieron mucho, y viniendo, le declararon a su señor todo lo que había pasado. Entonces llamándole su señor, le dice: Siervo malvado, toda aquella deuda te perdoné, porque me rogaste. *¿No te convenía también a ti tener misericordia de tu consiervo, como también yo tuve misericordia de ti?* Entonces su señor, enojado, le entregó a los verdugos, hasta que pagase todo lo que debía. Así también hará con vosotros mi Padre celestial, si no perdonareis de vuestro corazón cada uno a su hermano sus ofensas" (Mateo 18:23-35).

¡Qué tremenda parábola! Debemos temblar y ser movidos así para perdonar a otros, como también nosotros hemos sido perdonados. "Entonces les dijo Jesús otra vez: Paz a vosotros: como me envió el Padre, así también yo os envío. Y como hubo dicho esto, sopló, y díjoles: Tomad el Espíritu Santo: *A los que remitiereis los pecados, les son remitidos: a quienes los retuviereis, serán retenidos" (Juan 20:21-23). ¿Observamos que los hombres tenemos el poder de perdonar pecados y ofensas? ¿Cómo puede ser esto? ¡Nos ha sido dada autoridad y poder, para perdonar las ofensas *a quienes las han cometido contra nosotros! A tal grado, que no les serán remitidas si nosotros no las remitiéremos. Si el ofendido no suelta a su ofensor, quedará el ofensor atado, causando que ambos queden presos; uno por ofender y no ser perdonado, y el otro por ser ofendido y no perdonar.*

El perdón es una virtud vital del sistema del reino de Dios, y una de las más violadas. Es, pues, imposible permanecer en el reino de Dios, sin ejercer y practicar el perdón; porque no se puede amar a Dios, si no amamos a nuestro prójimo. También es imposible que Dios perdone nuestras ofensas o pecados, si rehusamos perdonar a los que nos han ofendido. "Vosotros pues, orareis así: Padre nuestro que estás en los cielos, santificado sea tu Nombre. Venga tu reino. Sea hecha tu voluntad, como en el cielo, así también en la tierra. Danos hoy nuestro pan cotidiano. *Y perdónanos nuestras deudas, como también nosotros perdonamos a nuestros deudores.* Y no nos dejes caer en tentación, mas líbranos del mal; porque tuyo es el reino, y el poder, y la gloria, por todos los siglos. Amén. *Porque si perdonareis a los hombres sus ofensas, os perdonará también a vosotros vuestro Padre celestial. Mas si no perdonareis a los hombres sus ofensas, tampoco vuestro Padre os perdonará vuestras ofensas"* (Mateo 6:9-15).

Es significativo mirar, que el error fatal del siervo malvado de la parábola, fue *no querer perdonar* a un consiervo; y hoy es, precisamente, el mismo problema en el Reino. El mundo cristiano es incrédulo a las palabras del Señor. Él dijo que si no perdonamos de corazón a nuestros hermanos, así también hará con nosotros nuestro Padre celestial. ¿Cuántos cristianos hoy en día guardan raíces de amargura en su corazón, sin querer perdonar a sus hermanos? ¡La falta de perdón, entre el pueblo de Dios, es una plaga mortífera! Así lo profetizó el Señor Jesucristo en el sermón profético: "Y muchos entonces serán escandalizados *(ofendidos),* y se entregarán unos a otros, y unos a otros se aborrecerán" (Mateo 24:10).

El cristiano engañado, siempre cree que la bondad y las bendiciones de Dios sobre su vida, familia o congregación, son señales de aprobación divina; y olvida que es absolutamente posible hablar en lenguas angelicales, orar, llorar, clamar, ayunar, echar fuera demonios, profetizar, comprender los misterios, entender profecía, tener toda ciencia, poseer una poderosa fe para obrar milagros, ofrendar y diezmar, dar de comer a los pobres, ser un mártir... y no tener amor; pues la verdad es que, aún teniendo todas estas cosas, de nada sirve si no se tiene amor. El cristiano que no perdona viene a ser "como metal que resuena, o címbalo que retiñe." En otras palabras, todas sus acciones místicas, buenas y piadosas... Son *puro ruido.* (I Corintios 13:1-3).

"Porque en Cristo Jesús ni la circuncisión (guardar la ley) vale algo, ni la incircuncisión (los que no guardan la ley); sino la fe que obra por el amor" (Gálatas 5:6). Es imposible amar sin perdonar, porque "el amor es sufrido, es benigno; el amor no tiene envidia, el amor no obra sinrazón, no se irrita, no piensa el mal; no se huelga de la injusticia, mas se huelga de la verdad; todo lo sufre, todo lo cree, todo lo espera, todo lo soporta. El amor nunca deja de ser; mas las profecías se han de acabar, y cesarán las lenguas, y la ciencia ha de ser quitada… Y ahora permanecen la fe, la esperanza y el amor, estos tres dones; empero el mayor es el amor" (I Corintios 13:4-13).

En la primera epístola del apóstol Juan, encontramos múltiples referencias en cuanto a lo que reclamamos ser, y a lo que en verdad somos. Según el apóstol, si no *hacemos* justicia y no *amamos* a nuestro hermano, no somos hijos de Dios sino hijos del diablo. Son pesadas y fuertes las palabras del apóstol del amor, pues seguramente recordaba la parábola compartida por el Señor, sobre el siervo malvado; ya que elabora y expande sobre el tema del amor, en relación con nuestros hermanos, y sobre las terribles consecuencias de no vivir dentro de los parámetros espirituales del Reino.

"Y éste es el mensaje que oímos de él, y os anunciamos: Que Dios es luz, y en él no hay ningunas tinieblas. Si nosotros dijéremos que tenemos comunión con él, y andamos en tinieblas, mentimos, y no *hacemos la verdad*; mas si andamos en luz, como él está en luz, tenemos comunión entre nosotros, y la sangre de Jesucristo su Hijo nos limpia de todo pecado" (I Juan 1:5-7).

"El que dice que está en luz, y aborrece a su hermano, el tal aún está en tinieblas. El que ama a su hermano, está en luz, y no hay tropiezo *(ofensa, escándalo)* en él. Mas el que aborrece a su hermano está en tinieblas, y anda en tinieblas, y no sabe a dónde va; porque las tinieblas le han cegado los ojos" (I Juan 2:9-11).

"En estos son manifiestos los hijos de Dios, y los hijos del diablo; cualquiera que no hace justicia, y no ama a su hermano, no es de Dios. Porque éste es el mensaje que habéis oído desde el principio: Que nos amemos unos a otros. No como Caín, que era del maligno, y mató a su hermano. ¿Y por qué causa le mató? Porque sus obras eran malas, y las de su hermano justas… Nosotros sabemos que hemos pasado de muerte a vida, en que amamos a los hermanos. El que no ama a su hermano, está en muerte. Cualquiera que aborrece a su hermano, es homicida, y sabéis que ningún homicida tiene vida eterna permaneciente en sí. En esto hemos conocido el amor, porque él puso su vida por nosotros. También nosotros debemos poner nuestra vida por los hermanos. Más el que tuviere bienes de este mundo, y viere a su hermano tener necesidad, y le cerrare sus entrañas, ¿cómo está el amor de Dios en él? Hijitos míos, no amemos de palabra ni de lengua, sino de obra y en verdad. Y en esto conocemos que somos de la verdad, y tenemos nuestro corazón certificado delante de él… Y éste es su mandamiento: Que creamos en el Nombre de su Hijo Jesucristo, y nos amemos unos a otros como nos lo ha mandado" (I Juan 3: 10-23).

"Carísimos, amémonos unos a otros; porque el amor es de Dios. Cualquiera que ama, es nacido de Dios, y conoce a Dios. El que no ama no conoce a Dios, porque Dios es amor… Amados, si Dios *así* nos ha amado, debemos también nosotros amarnos unos a otros. Ninguno vio jamás a Dios. Si nos amamos unos a otros, Dios está en nosotros, y su amor es perfecto en nosotros… Dios es amor; y el que vive en amor, vive en Dios, y Dios en él… Si alguno dice, yo amo a Dios, y aborrece a su hermano, es mentiroso. Porque el que no ama a su hermano al cual ha visto, ¿cómo puede amar a Dios a quien no ha visto? Y nosotros tenemos este mandamiento de él: Que el que ama a Dios, ame también a su hermano" (I Juan 4:7-21).

Estoy convencido de que la razón por la cual una gran cantidad de creyentes de nuestra misma fe, guardan algún sentimiento de rencor, alguna raíz de amargura, alguna falta de perdón, y viven sin comunión con los suyos u otros de sus hermanos, es porque no tienen una comprensión bíblica o doctrinal del amor de Dios; y por lo tanto, nunca han experimentado el amor incondicional del Padre.

¡Las acciones demuestran el tamaño del corazón y del cerebro del hombre! La falta de perdón denota un espíritu y una mente ofuscada y pequeña del cristiano inmaduro y carnal: un niño en Cristo. Las Escrituras nos dicen, que debemos amarnos unos a otros, *así como Él nos ha amado*. ¿Cómo, pues, nos ha amado el Señor, para saber cómo debemos amarnos? La siguiente escritura describe, gráficamente, el inefable amor de Dios hacia gente vil y detestable; gente que no calificaba para ser amada.

"Y de ella recibisteis vosotros, que estabais muertos en vuestros delitos y pecados, en que en otro tiempo anduvisteis conforme a la condición de este mundo, conforme al príncipe de la potestad del aire, el espíritu que ahora obra en los hijos de desobediencia. Entre los cuales todos nosotros también vivimos en otro tiempo en los deseos de nuestra carne, haciendo la voluntad de la carne y de los pensamientos; y éramos por naturaleza hijos de ira, también como los demás. *Empero Dios,* que es rico en misericordia, por su mucho amor con que nos amó, aun estando nosotros muertos en pecados, nos dio vida juntamente con Cristo; por gracia sois salvos. Y juntamente nos resucitó, y así mismo nos hizo sentar en los cielos con Cristo Jesús, para mostrar en los siglos venideros las abundantes riquezas de su gracia en su bondad hacia nosotros en Cristo Jesús. Porque por gracia sois salvos por la fe; y esto no de vosotros, pues es don de Dios. No por obras, para que ninguno se gloríe" (Efesios 2:1-9).

Nuestro Dios nos amó aun cuando éramos completa y absolutamente indignos de ser amados; cuando ni de broma dábamos la medida. Así debemos también amarnos los unos a los otros. Si no amamos a los que, según nosotros, no dan la medida, es prueba y evidencia contundente de que no hemos conocido ni recibido el amor del Padre, descrito en la porción bíblica antes mencionada. Porque, obviamente, no se puede dar lo que no se posee. Pero si amamos *así* como él nos amó, entonces amaremos no sólo a los que discrepan con nosotros, sino aun amaremos a los que nos aborrecen. Bendeciremos a los que nos maldicen, y oraremos por los que nos ultrajan y persiguen. Amar y perdonar son las pruebas o evidencias de que somos hijos de nuestro Padre que está en los cielos.

Un testimonio de perdón
Hace tiempo se me relató un testimonio del ministro Richard Wurmbrand, quien fundó y encabezó por muchos años el ministerio "La Voz de los Mártires," cuya misión ha sido ayudar a la iglesia perseguida alrededor del mundo; ministerio que aún permanece. Es también el autor de un libro intitulado: "Torturado por Cristo," en el cual relata el testimonio de persecución, prisión y sufrimientos de tortura bajo un régimen

comunista, donde él sufrió por su fe en Cristo. La lección definitiva del siguiente relato, es que ofenderse fácilmente es señal de un cristiano inmaduro, carnal y sin la revelación del amor del Padre.

El hermano Wurmbrand recibió, en un aeropuerto de los Estados Unidos, a un anciano predicador a quien, por medio de su ministerio y contactos, había rescatado de un país comunista. Este anciano predicador también había sido encarcelado, y torturado terriblemente por su fe en Cristo, al grado de que su cuerpo estaba quebrado, lisiado y al extremo debilitado. Al verlo, el hermano Wurmbrand concluyó que, a causa de los grandes sufrimientos y heridas del venerable anciano, a éste no le quedaba mucho tiempo de vida. Sintió el impulso de aconsejar al anciano, diciéndole que, como ya le quedaba poco tiempo, era necesario perdonar a sus verdugos quienes le habían causado tanto daño. Que le era, pues, indispensable, antes de partir de esta vida, no guardar ninguna ofensa, amargura, ni resentimiento contra los que lo habían atormentado y torturado en las prisiones. Lo hizo con mucho respeto y cariño, pues sentía un gran amor en su corazón por este venerable anciano… quien había sufrido tanto.

El anciano lo escuchó pacientemente, y permitió que el hermano Wurmbrand terminara sus palabras; entonces le respondio, diciendo: "Gracias, hermano Wurmbrand, por sus palabras, pero quiero decirle que no guardo ninguna ofensa, rencor, amargura o resentimiento contra mis verdugos. ¡Al contrario, doy gracias a Dios por ellos, porque me ayudaron, a través de mis sufrimientos, acercarme más a mi Señor y a desarrollar una intimidad con él, como nunca me imaginé que fuera posible! Oro por ellos y los bendigo, porque me han impulsado a obtener la bendición más grande de mi vida. Al principio de mi caminar con Cristo, cuando era un nuevo creyente, había cosas que fácilmente me ofendían, pero al concederme el Señor crecer en el transcurso del tiempo, por medio de los sufrimientos, padecimientos y persecuciones, eso ha quedado atrás." El hermano Wurmbrand inclinó su cabeza, y derramó lágrimas por razón del testimonio conmovedor del anciano. ¡Que poderoso testimonio! También nosotros inclinemos nuestras cabezas hoy, y hagamos lo mismo que hicieron ellos: *amar y perdonar.*

CAPÍTULO QUINCE

La parábola de las diez vírgenes

"**E**l reino de los cielos será semejante a diez vírgenes, que tomando sus lámparas, salieron a recibir al esposo. Cinco de ellas eran prudentes, y cinco fatuas. Las que eran fatuas, tomando sus lámparas, no tomaron consigo aceite. Mas las prudentes tomaron aceite en sus vasos, junto con sus lámparas. Y tardándose el esposo, cabecearon todas, y se durmieron. Y a la media noche fue oído el clamor: ¡El esposo viene, salid a recibirle! Entonces todas aquellas vírgenes se levantaron y aderezaron sus lámparas. Y las fatuas dijeron a las prudentes: Dadnos de vuestro aceite; porque nuestras lámparas se apagan. Mas las prudentes respondieron, diciendo: Porque no nos falte a nosotras y a vosotras, id antes a los que venden, y comprad para vosotras. Y mientras que ellas iban a comprar, vino el esposo; y las que estaban apercibidas, entraron con él a las bodas; y se cerró la puerta. Y después vinieron también las otras vírgenes, diciendo: Señor, Señor, ábrenos. Mas respondiendo él, dijo: De cierto os digo, que no os conozco. *Velad, pues, porque no sabéis el día ni la hora* en que el Hijo del Hombre ha de venir" (Mateo 25:1-13).

"Velad, pues, porque no sabéis el día ni la hora en que el Hijo del Hombre ha de venir" no es solamente una declaración, sino una orden dada por el Señor Jesucristo a sus discípulos, que se repite una y otra vez en los evangelios sinópticos (Mateo, Marcos y Lucas); y es la expresión clave de esta parábola, pues el enfoque principal de ella es nuestra preparación, para mantener nuestras lámparas con aceite; despertar del sueño y, que además, estemos apercibidos para la hora inesperada de la venida del Esposo.

"Velad, pues, porque no sabéis a qué hora ha de venir vuestro Señor. Esto empero sabed, que si el padre de la familia supiese a cuál vela *el ladrón había de venir, velaría,* y no dejaría minar su casa. Por tanto, también vosotros estad apercibidos; porque el Hijo del Hombre ha de venir a la hora que no pensáis. ¿Quién, pues, es el siervo fiel y prudente, al cual puso su señor sobre su familia para que le dé alimento a tiempo? Bienaventurado aquel siervo, al cual, cuando su señor viniere, le hallare haciendo así" (Mateo 24:42-46).

"Empero de aquel día y de la hora, nadie sabe; ni aun los ángeles que están en el cielo, ni el Hijo, sino el Padre. *Mirad, velad y orad;* porque no sabéis cuándo será el tiempo. Como el hombre que partiendo lejos, dejó su casa, y dio facultad a sus siervos, y a cada uno su obra, y al portero mandó que velase. *Velad,* pues, porque no sabéis cuándo el señor de la casa vendrá; si a la tarde, o a la media noche, o al canto del gallo, o a la mañana; porque *cuando viniere de repente*, no os halle durmiendo. Y las cosas que a vosotros digo, a todos digo: *Velad"* (Marcos 13: 32-37).

"Estén ceñidos vuestros lomos, y vuestras antorchas encendidas;

y vosotros semejantes a hombres que esperan cuando su señor ha de volver de las bodas; para que cuando viniere y llamare, luego le abran. Bienaventurados aquellos siervos, a los cuales cuando el Señor viniere, *hallare velando.* De cierto os digo, que se ceñirá, y hará que se sienten a la mesa, y pasando les servirá. Y aunque venga a la segunda vigilia, y aunque venga a la tercera vigilia, y los hallare así, bienaventurados serán los tales siervos. *Esto empero sabed, que si supiese el padre de familia a qué hora había de venir el ladrón, velaría ciertamente, y no dejaría minar su casa.* Vosotros, pues, también, estad apercibidos; porque a la hora que no pensáis, el Hijo del Hombre vendrá. Entonces Pedro le dijo: Señor, ¿dices esta parábola a nosotros, o también a todos? Y dijo el Señor: ¿Quién es el mayordomo fiel y prudente, al cual el señor pondrá sobre su familia, para que a tiempo les de su ración? Bienaventurado aquel siervo, al cual, cuando el señor viniere, *hallare haciendo así"* (Lucas 12:35-43).

Descripción y exhortación del apóstol Pedro

"El Señor no tarda su promesa, como algunos la tienen por tardanza; sino que es paciente con nosotros, no queriendo que ninguno perezca, sino que todos procedan al arrepentimiento. *Mas el día del Señor vendrá como ladrón en la noche*; en el cual los cielos pasarán con grande estruendo, y los elementos ardiendo serán desechos, y la tierra y las obras que en ella están serán quemadas. Pues, como todas estas cosas han de ser desechas, ¿qué tales conviene que vosotros seáis en santas y pías conversaciones, esperando y apresurándoos para *la venida del día de Dios,* en el cual los cielos siendo encendidos serán deshechos, y los elementos siendo abrasados, se fundirán? (II Pedro 3:9-12).

Descripción y exhortación del apóstol Pablo

"Empero acerca de los tiempos y de los momentos, no tenéis, hermanos, necesidad de que os escriba. Porque vosotros sabéis bien, que *el día del Señor vendrá así como ladrón de noche.* Que cuando digan: Paz y seguridad, entonces vendrá sobre ellos destrucción de repente, como los dolores a la mujer encinta, y no escaparán. *Mas vosotros, hermanos, no estáis en tinieblas, para que aquel día os sorprenda como ladrón.* Porque todos vosotros sois hijos de luz, e hijos del día; no somos de la noche, ni de las tinieblas. *Por tanto, no durmamos como los demás; antes velemos y seamos sobrios"* (I Tesalonicenses 5:1-6).

Advertencias en el libro del Apocalipsis

"Sé vigilante y confirma las otras cosas que están por morir; porque no he hallado tus obras perfectas delante de Dios. Acuérdate, pues, de lo que has recibido y oído, y guárdalo, y arrepiéntete. *Y si no velares, vendré a ti como ladrón, y no sabrás a qué hora vendré a ti.* Mas tienes unas pocas personas en Sardis que no han ensuciado sus vestiduras; y andarán conmigo *en vestiduras blancas, porque son dignas. El que venciere, será vestido de vestiduras blancas; y* no borraré su nombre del libro de la vida, y confesaré su nombre delante de mi Padre, y delante de sus ángeles. El que tiene oído, oiga lo que el Espíritu dice a las iglesias" (Apocalipsis 3:2-6).

"Y vi salir de la boca del dragón, y de la boca de la bestia, y de la boca del falso profeta, tres espíritus inmundos a manera de ranas. Porque son espíritus de demonios, que hacen señales, para ir a los reyes de la tierra en todo el mundo, para congregarlos para la batalla de aquel gran día del Dios Todopoderoso. *He aquí, yo vengo como ladrón. Bienaventurado el que vela y guarda sus vestiduras,* para que no ande desnudo, y vean su vergüenza" (Apocalipsis 16:13-15).

La expresión *"como ladrón de noche"* ha sido mal entendida, y aun torcida por una gran mayoría de eruditos y teólogos protestantes, evangélicos, pentecostales, y apostólicos. Esto ha dado a luz a una enseñanza popular, ilustrada y dramatizada por medio de las películas: "Como Ladrón en la Noche," y "Dejados Atrás;" y aun diseminada a través de múltiples libros, revistas y medios electrónicos. Además, es enseñada en seminarios de renombre, y predicada desde los púlpitos de las mega-iglesias.

Esta enseñanza escatológica, mal entendida, es interpretada como que si el Señor viniere de sorpresa por su pueblo, como un ladrón, sin que nadie, supuestamente, lo vea venir... ni a él, ni a los "raptados." Según esto, todo ocurre en secreto y a escondidas, y lo único que el mundo verá, de acuerdo a esta teoría, es el caos que dejarán los desaparecidos. Ahora bien, este concepto equivocado existe hasta el día de hoy, porque quienes lo enseñan no han podido comprender una sencilla comparación; pero gracias al Señor por los hombres de Dios que, como los apóstoles, han sido usados para aclarar el verdadero significado de las palabras del Señor Jesús.

Testimonio del apóstol Pedro
El apóstol Pedro describe la venida del Señor, como un día explosivo, un día de fuego, un evento de grande estruendo; terriblemente espantoso, y absoluta y definitivamente visible. *"Mas el día del Señor vendrá como ladrón en la noche*; en el cual los cielos pasarán con grande estruendo, y los elementos ardiendo serán desechos, y la tierra y las obras que en ella están, serán quemadas. Pues, como todas estas cosas han de ser

deshechas, ¿qué tales conviene que vosotros seáis en santas y pías conversaciones, esperando y apresurándoos para *la venida del día de Dios*, en el cual los cielos siendo encendidos, serán deshechos, y los elementos siendo abrasados, se fundirán?" (II Pedro 3:10-12).

Esta descripción de la venida de Cristo no tiene, en lo absoluto, nada de secreta ni silenciosa. Además, esta escritura fue inspirada por el Espíritu Santo, a un hombre que fue testigo ocular y audible del ministerio terrenal del Señor Jesús; uno de sus doce discípulos, que tuvo el privilegio de pedirle en privado, que le explicara cualquier parábola que no había entendido. "Porque no os hemos dado a conocer la potencia y la venida de nuestro Señor Jesucristo, siguiendo fábulas por arte compuestas; sino habiendo con nuestros propios ojos visto su majestad... y nosotros oímos esta voz enviada del cielo, cuando estábamos junto con él en el monte santo" (II Pedro 1:16 -18).

Testimonio del apóstol Pablo
El apóstol Pablo da una de las más lúcidas explicaciones, sobre el porqué de la expresión *"como ladrón de noche." "Porque vosotros sabéis bien, que el día del Señor, vendrá así como ladrón de noche... Mas vosotros, hermanos, no estáis en tinieblas, para que aquel día os sorprenda como ladrón,* porque todos vosotros sois hijos de luz, e hijos del día; no somos de la noche, ni de las tinieblas. Por tanto, *no durmamos como los demás; antes velemos y seamos sobrios.* Porque los que duermen, de noche duermen; y los que están borrachos, de noche están borrachos" (I Tesalonicenses 5:2-7).

El Señor Jesucristo *viene como ladrón de noche y de sorpresa, ¡para quienes no lo esperan! ¡Ésta es la verídica, clara y sencilla interpretación!* Toma por sorpresa a los que son de la noche, y de las tinieblas; a los que están borrachos, y no están velando. Mas el creyente verdadero no está en tinieblas, para que aquel día lo sorprenda como ladrón. El cristiano fiel vela y camina en la luz, pues es hijo del día, no de la noche, ni de las tinieblas. Ésta es, pues, la seguridad del creyente *apercibido, diligente, sobrio y vigilante.*

El testimonio del apóstol Juan

En el libro de Apocalipsis, el Señor Jesucristo usa la expresión *"como ladrón,"* para reprender, con una fuerte y penetrante advertencia, a la iglesia en Sardis. "Sé vigilante y confirma las otras cosas que están por morir; porque no he hallado tus obras perfectas delante de Dios. Acuérdate, pues, de lo que has recibido y oído, y guárdalo, y arrepiéntete. *Y si no velares, vendré a ti como ladrón, y no sabrás a qué hora vendré a ti"* (Apocalipsis 3:2, 3). Si el creyente no es vigilante, si no confirma las cosas que están por morir, si no se acuerda de lo que ha recibido y oído, si no se arrepiente y guarda lo que se le ha mandado; el Señor vendrá *"como ladrón de noche,"* y lo tomará *por sorpresa,* al igual que a los que andan en tinieblas. *"He aquí, yo vengo como ladrón. Bienaventurado el que vela,* y guarda sus vestiduras, para que no ande desnudo, y vean su vergüenza" (Apocalipsis 16:15). Este texto y su fuerte advertencia, además de confirmar las verdades de los párrafos anteriores, *es distinguido y se destaca por su ubicación dentro del contexto del mismo capítulo dieciséis.* De acuerdo a la profecía del Apocalipsis, los creyentes todavía están en la tierra durante el derramamiento de la sexta copa, *¡pues es en el tiempo y en el contexto de esta copa, que el Señor da su advertencia a* *los creyentes!* "Y el sexto ángel derramó su copa sobre el gran río Éufrates; y el agua de él se secó, para que fuese preparado el camino de los reyes del oriente. Y vi salir de la boca del dragón, y de la bestia, y de la boca del falso profeta, tres espíritus inmundos a manera de ranas. Porque son espíritus de demonios, que hacen señales, para ir a los reyes de la tierra en todo el mundo, para congregarlos para la batalla de aquel gran día del Dios Todopoderoso. *He aquí, yo vengo como ladrón. Bienaventurado el que vela, y guarda sus vestiduras, para que no ande desnudo, y vean su vergüenza.* Y los congregó en el lugar que en hebreo se llama Armagedón. Y el séptimo ángel derramó su copa por el aire; y salió una gran voz del templo del cielo, del trono, diciendo: Hecho es." (Apocalipsis 16:12-17).

"Pero en los días de la voz del séptimo ángel, cuando el comenzare a tocar la trompeta, el misterio de Dios será consumado, como él lo anunció a sus siervos los profetas" (Apocalipsis 10:7).

Concluimos pues, que la lección de este capítulo y la interpretación de la expresión *"como* ladrón de noche," no es que el Señor viene en forma invisible y a escondidas para "raptar en secreto" a su pueblo. Sino que él tomará por sorpresa a un mundo que ignora su venida; y también a todo "creyente" que no esté *velando.* En cambio, los cristianos fieles y verdaderos atienden a la voz de su Señor, ya que *son vigilantes,* viven por la fe, son llenos del Espíritu Santo, permanecen en continua oración, se mantienen despiertos y viven los preceptos del reino, que son: amor, justicia, paz, fe, gozo, paciencia, mansedumbre, templanza, comunión, integridad, santidad... *hasta* el gran día del Dios Todopoderoso. Para ellos, el Señor *no viene "como ladrón de noche," porque están velando.* "Bienaventurado aquel siervo, al cual, cuando su Señor viniere, *le hallare haciendo así"* (Mateo 24:46).

CAPÍTULO DIECISÉIS

El sistema de hombre
Primera parte

"**E**n los capítulos anteriores, al identificar el reino de Dios, establecimos un punto de referencia verídico; y como resultado de ello, ahora tenemos bases y argumentos que nos darán la dirección precisa, para identificar y definir el sistema opuesto: El "sistema de hombre." Nuestra tarea apremiante será encontrar los términos bíblicos de dicho sistema; descubrir la fuente de su verdadero poder, definir su esencia, desenmascarar sus fachadas, e identificar sus estructuras. También es necesario examinarlo con diligencia, para descifrar sus estrategias, tácticas, parámetros y esfera de influencia.

Su esencia y carácter
El sistema de hombre es todo lo opuesto al reino de Dios; particular y específicamente en el sentido de su naturaleza. Este reino de tinieblas, al igual que el reino de Dios, es en esencia, un reino invisible y espiritual, pero completamente distinto y opuesto en su carácter y propósito.

Hemos hecho claro, que la naturaleza y los valores del reino de Dios, son los factores, elementos y aspectos dominantes de su entidad. De igual manera, la naturaleza y los "valores" del

REINOS EN CONFLICTO• 137

sistema de hombre, son sus elementos y factores dominantes. Así como la naturaleza y los valores del reino de Dios, son en esencia, el "fruto del Espíritu" (Gálatas 5:22, 23); de igual manera, la naturaleza y los "valores" del sistema de hombre, son las "obras de la carne" (Gálatas 5:19-21).

Descubriendo la terminología bíblica
para el sistema de hombre

La terminología bíblica, es una llave muy importante para definir el "sistema de hombre;" porque, tratar de definirlo fuera de la Biblia, es complicado, problemático y casi imposible, ya que es un gobierno de engaño y mentira; y siempre se esconde detrás de una fachada normal, sagrada o piadosa. Por ejemplo, en el caso del "sistema de Dios," sencillamente es el "reino de Dios." Es obvio y evidente que, en ambos rubros, se trata de Dios; al contrario, cuando nos referimos al "sistema de hombre," no se trata del hombre. ¿Y si no se trata del hombre, entonces de quién es este reino? Dicho título, en sí mismo, oculta y disfraza la verdadera entidad o personaje de este sistema.

"Más los fariseos, oyéndolo, decían: Éste no echa fuera los demonios, sino por Belcebú, príncipe de los demonios. Y Jesús, como sabía los pensamientos de ellos, les dijo: Todo reino dividido contra sí mismo, es desolado; y toda ciudad o casa dividida contra sí misma, no permanecerá. Y si Satanás echa fuera a Satanás, contra sí mismo está dividido, ¿cómo, pues, permanecerá su reino? Y si yo por Belcebú echo fuera los demonios, ¿vuestros hijos por quién os echan? Por tanto, ellos sean vuestros jueces. Y si por el Espíritu de Dios yo echo fuera los demonios, ciertamente ha llegado a vosotros el reino de Dios" (Mateo 12:24-28). También en Colosenses 1:13, el apóstol Pablo dice: "Que nos ha librado de la potestad (reino) de las tinieblas, y trasladado al reino de su amado Hijo."

El dios del sistema de hombre

Cuando los fariseos juzgaron, que el Señor Jesucristo echaba fuera los demonios por Belcebú, el Señor les declaró abiertamente, que *Satanás es cabeza de un reino* (sistema de gobierno). "Y si Satanás echa fuera a Satanás, contra sí mismo está dividido, ¿cómo, pues, permanecerá *su reino?"* (Mat. 12:26) Estimado lector, ¿se fijó bien en lo que acaba de leer? ¿De quién es ese reino? *¡Sí, el reino de las tinieblas es el reino de Satanás!* Un reino maligno, tenebroso, obstinado y en conflicto incesante con el reino de Dios; conocido comúnmente como el *sistema del mundo (World System en inglés) o sistema de hombre.* Aunque el hombre moderno niegue la existencia invisible, y la esfera oscura y aspecto tenebroso de *este sistema,* no por eso deja de serlo. Este sistema *humano* es encabezado por Satanás, e influenciado por principados, potestades, señores del mundo, gobernadores, malicias de estas tinieblas, y por millones de demonios.

Su *frente visible y físico* consiste de múltiples y diversas fachadas religiosas, políticas y seculares; integrado por los mismos reinos de la tierra. Esta conglomeración de diversos sistemas y estructuras de gobiernos internacionales, nacionales, regionales y locales, son la fachada visible del reino de las tinieblas. Éstos incluyen los gobiernos democráticos, comunistas, socialistas, islámicos y tiranías de diversos tintes políticos. Esta miríada de gobiernos y sistemas, han producido una inmoralidad desenfrenada, como también sociedades hedonistas; donde predominan la opresión, pobreza, anarquía, injusticia, opulencia, pecado, iniquidad, perversidad, corrupción, violencia y, en el peor de los casos, guerras, persecución religiosa, terrorismo y genocidios. Intrínsecamente o en sí mismas, algunas de las fachadas no son necesariamente malas;

el problema consiste en que detrás de los escenarios político-religiosos, es donde está oculto *el dios de este siglo*, el cual controla y manipula todo este *vasto sistema de hombre.*

Cuando hablamos de este sistema, nos referimos también al fenómeno de la globalización que, con su *"ética"* inmoral y amoral, sus valores torcidos, su cultura degenerada y su forma egoísta y hasta narcisista de percibir, mirar, pensar, hablar y hacer las cosas, ha facilitado y producido el presente *Orden Mundial (World Order en inglés).* Estas *filosofías humanistas* son conocidas en la Biblia, como *el camino ancho* que lleva a la perdición. Este camino ancho promete placer y felicidad, pero su fin es de miseria y muerte. Su fundamento es una ética hedonista: "doctrina perversa que proclama el placer como fin supremo de la vida". "Mirad que *nadie os engañe por filosofías y vanas sutilezas, según las tradiciones de los hombres, conforme a los elementos del mundo,* y no según Cristo" (Colosenses 2:8). "Entrad por la puerta estrecha; porque ancha es la puerta, y espacioso el camino que lleva a la perdición, y muchos son los que entran por ella" (Mateo 7:13).

Este sistema humano, con sus placeres corruptos, comodidades, poder, riquezas, fama y gloria, es *la atracción y el medio* que el enemigo usa para disfrazar, presentar y diseminar *su reino.* Su reino *es espiritual e invisible*, pero tan real como el mundo físico; es un reino terrible, macabro y espantoso. Si el maligno se mostrara, como lo que en realidad es, las multitudes se espantarían y huirían de él. Pero, precisamente, por esta razón, el engañador necesita usar la fachada del *sistema o gobierno de hombre.*

Un frente falso y engañoso

Con excepción de una minoría de gente que, descarada y abiertamente, se identifican como adoradores de Satanás, nadie desea identificarse o pertenecer al *"sistema o reino del diablo,"* pues hasta pronunciarlo suena repulsivo y fuera de orden. Por eso el diablo se disfraza con una fachada normal, deseable y atractiva; y se aprovecha del *gobierno o sistema de hombre,* conocido como el *Sistema del Mundo (World System)* o *el humanismo,* cuya estructura es compuesta y formada por *todos los reinos de la tierra,* donde los hombres gobiernan y son gobernados. Ahí está, precisamente, el detalle.

El gobierno humano es completamente "normal" y, detrás de esa "normalidad," Satanás se disfraza y se esconde; desde esa posición manipula y controla al mundo entero e incauto. Increíblemente, a pesar de la corrupción, la injusticia, la inmoralidad, la violencia, la rebelión, las pestilencias, la gran crisis económica mundial, las guerras y rumores de guerras, los gobiernos de la tierra hacen mofa y se burlan de la idea de que Satanás esté detrás de todo ello, pues hasta niegan su misma existencia. Para ilustrar y confirmar esta realidad, bastan las siguientes verdades bíblicas.

"Empero la serpiente era *astuta,* más que todos los animales del campo que el Señor Dios había hecho, la cual dijo a la mujer: ¿Con que Dios os ha dicho: No comáis de todo árbol del huerto?... Entonces el Señor Dios dijo a la mujer: ¿Qué es lo que has hecho? Y dijo la mujer: La serpiente me *engañó,* y comí" (Génesis 3:1, 13).

"Y fue lanzado fuera aquel gran dragón, la serpiente antigua, que se llama diablo y Satanás, el cual *engaña a todo el mundo;* fue arrojado en tierra, y sus ángeles fueron arrojados con él" (Apocalipsis 12:9).

"Y le llevó el diablo a un alto monte, y le mostró en un momento de tiempo *todos los reinos de la tierra.* Y le dijo el diablo: "A ti te daré toda esta potestad, y la gloria de ellos; *porque a mí es entregada,* y a quien quiero la doy" (Lucas 4:5, 6).

El diablo es muy astuto y sagaz, pues hasta al mismo Señor Jesucristo intentó engañar. La Palabra de Dios lo describe como: *"el dios de este siglo," "el príncipe de este mundo," "el príncipe de la potestad del aire"* (II Corintios 4:4; Juan 14:30; 16:11; Efesios 2:2). Por tanto, es imprescindible, querido hermano, no ignorar la oportuna advertencia que nos hace nuestro Señor Jesucristo. "Y respondiendo Jesús, les dijo: Mirad que *nadie os engañe.* Porque vendrán muchos en mi Nombre, diciendo: Yo soy el Cristo, y a *muchos engañarán...* Y muchos falsos profetas se levantarán y *engañarán a muchos"* (Mateo 24:4, 5, 11).

Es impresionante mirar a través de la historia bíblica y secular, cómo Satanás ha sido capaz de *engañar a todo el mundo,* usando desde el principio de la historia humana a una serpiente del campo, manipulando a reyes y gobiernos, utilizando falsos profetas, falsos cristos, y seduciendo a religiosos y no religiosos...; y no cesará ni descansará hasta que le sea arrancado su domino y sea *entregado el reino a los santos del Altísimo.*

"Y veía yo que este cuerno hacía guerra contra los santos, y los vencía, hasta tanto que vino el Anciano de grande edad, se dio el juicio a los santos del Altísimo; y vino el tiempo, *y los santos poseyeron el reino...* Y hablará palabras contra el Altísimo, a los santos quebrantará, pensará mudar los tiempos y la ley; y entregados serán en su mano hasta tiempo, y tiempos, y medio tiempo... Empero se sentará el juez, *y quitaránle su señorío,* para que sea destruido y arruinado hasta el extremo; y que el reino, y el señorío, y *la majestad de los reinos debajo de todo el cielo, sea dado al pueblo de los santos del Altísimo; cuyo reino es reino eterno,* y todos los señoríos le servirán y obedecerán" (Daniel 7:21, 22, 25-27).

El verdadero poder detrás de la Bestia

Con relación al tema del sistema humano, las siguientes escrituras nos ayudarán a entender el misterio de la Bestia del Apocalipsis. (Usted, estimado lector, podrá leer detalladamente sobre este tema en uno de mis próximos libro intitulado: "La Verdadera Identidad de la Bestia y de su Imagen").

"Porque no tenemos lucha contra sangre y carne; sino contra principados, contra potestades, contra señores del mundo, gobernadores de estas tinieblas, contra malicias espirituales en los aires" (Efesios 6:12).

"Entonces tuve deseo de saber la verdad acerca de la *cuarta bestia,* que tan diferente era de todas las otras, espantosa en gran manera, que tenía dientes de hierro, y sus uñas de metal, que devoraba y desmenuzaba, y las sobras hollaba con sus pies. Así mismo acerca de los diez cuernos que tenía en su cabeza, y del otro que había subido, de delante del cual habían caído tres. *Y este mismo cuerno tenía ojos, y una boca que hablaba grandezas,* y su parecer mayor que el de sus compañeros. Y veía yo que *este cuerno hacía guerra contra los santos,* y los vencía.

Hasta tanto que vino el Anciano de grande edad, y se dio el juicio a los santos del Altísimo; y vino el tiempo, y los santos poseyeron *el reino*. Dijo así: La *cuarta bestia será un cuarto reino* en la tierra, el cual será más grande que todos los otros reinos, y a toda la tierra devorará, y hollará, y despedazará" (Daniel 7:8, 19-23).

La influencia *detrás* de la *bestia* es el mismo Satanás (el dragón). Él le da su poder, su trono, dominio y gran autoridad sobre todas las naciones. Esto, sencillamente, quiere decir que *todas* las acciones de la *bestia*, son realizadas por el espíritu y poder de Satanás. La bestia es sólo el títere del dragón, y todas sus funciones están bajo el control del príncipe de este mundo. El cuerno, en el lenguaje bíblico, representa poder y autoridad. En este caso, el verdadero poder de la bestia es el mismo diablo. La bestia o el el *sistema mundial* es simplemente el filtro de Satanás, para infiltrar y controlar la mente y el corazón del ser humano.

De acuerdo al libro de Daniel, *la cuarta bestia representa un cuarto reino o imperio en la tierra*. No se trata de un personaje maligno. No es el ilustre, célebre y carismático anti-Cristo que, supuestamente, se convierte en bestia a la mitad de "La Gran Tribulación." No existe ninguna base bíblica que apoye esta metamorfosis de anti-Cristo a bestia. Esta bestia es la misma de Apocalipsis capítulo trece; y, además, representa un *cuarto reino sobre la tierra*; el sistema mundial.

"Y yo me paré sobre la arena de la mar, y vi una bestia subir del mar, que tenía siete cabezas y diez cuernos, y sobre sus cuernos diez diademas, y sobre las cabezas de ella nombre de blasfemia. Y la bestia que vi, era semejante a un leopardo, y sus pies como de oso, y su boca como boca de león. Y *el dragón le dio su poder, y su trono y grande potestad.* Y vi una de sus cabezas como herida de muerte, y la llaga de su muerte fue curada; y se maravilló toda la tierra en pos de la bestia. Y adoraron al dragón que *había dado la potestad* a la bestia, y adoraron a la bestia, diciendo: ¿Quién es semejante a la bestia, y quién podrá lidiar con ella? Y *le fue dada boca que hablaba grandes cosas* y blasfemias, y le fue dada potencia de obrar cuarenta y dos meses. Y abrió su boca en blasfemias contra Dios, para blasfemar su Nombre, y su tabernáculo, y los que moran en el cielo. Y *le fue dado hacer guerra contra los santos,* y vencerlos. También le fue dada potencia sobre toda tribu, y pueblo y lengua y gente. Y todos los que moran en la tierra le adoraron, cuyos nombres no están escritos en el libro de la vida del Cordero, el cual fue muerto desde el principio del mundo. Si alguno tiene oído, oiga. El que lleva en cautividad, va en cautividad; el que a chuchillo matare, es necesario que a cuchillo sea muerto. *Aquí está la paciencia y la fe de los santos"* (Apocalipsis 13:1-10).

Reiteramos pues, que la cuarta bestia es un cuarto reino que domina toda la tierra. Este reino o imperio, según el libro de Daniel y el Apocalipsis, *deberá permanecer hasta el fin.* En otras palabras, nos describen un *Sistema Mundial, cuya influencia y poder provienen del dragón*: "El cuerno pequeño con ojos como de hombre, y una boca que hablaba grandezas y blasfemias." Es por esta razón, que es tan fuerte y seductiva la atracción, influencia y el "jalón" del mundo, porque es una fuerza espiritual y maligna. Y, aunque le fue dada potestad *sobre toda la humanidad*, su mayor obsesión es blasfemar contra Dios, y hacer guerra contra los santos.

666

"Y que ninguno pudiese comprar o vender, sino el que tuviera la señal, o el nombre de la bestia, o *el número de su nombre.* Aquí hay sabiduría. El que tiene entendimiento, cuente el número de la bestia, que es *número de hombre.* Y el número de ella, seiscientos sesenta y seis" (Apocalipsis 13:17,18).

El apóstol Juan, por inspiración del Espíritu Santo, nos declara que el número de la bestia, seiscientos sesenta y seis, es *número de hombre.* Este *número de hombre* representa el *gobierno de hombre,* y es una clave muy importante para entender la identidad de la Bestia, es decir, el *"cuarto reino."*

¿Si el dragón (el diablo) es el que manipula todas las cosas y, además, es la influencia controladora detrás del *gobierno de hombre,* por qué razón no es declarado abiertamente como el *reino, sistema o gobierno de Satanás?* Como ya lo aclaramos anteriormente, la respuesta es sencilla y obvia, pues a nadie engañaría si se presentara abiertamente como Satanás. Él necesita encubrirse con sutilezas, mentiras y engaños, para así poder introducir e infiltrar a la humanidad su gobierno o reino, y traer consigo corrupción, pecado, perversidad, destrucción, condenación, muerte y, finalmente, terror en el infierno. Con la excepción de un aborrecido y odiado remanente, llamado *el Pueblo de Dios, su dominio* incluye todo el mundo físico, material, espiritual, religioso y secular. Este dominio enorme del enemigo es *la Babilonia,* de la cual somos exhortados por el mismo Señor: *"Salid de ella, pueblo mío."*

"Porque todas las gentes han bebido del vino del furor de su fornicación; y los reyes de la tierra han fornicado con ella; y los mercaderes de la tierra se han enriquecido de la potencia de sus deleites. Y oí otra voz del cielo que decía: *salid de ella, pueblo mío,* para que no seáis participantes de sus pecados, y no recibáis de sus plagas. Porque sus pecados han llegado hasta el cielo, y Dios se ha acordado de sus maldades" (Apocalipsis 18:3-5).

CAPÍTULO DIECISIETE

El sistema de hombre
Segunda Parte

"**E**n el capítulo anterior citamos terminología bíblica que, sin lugar a dudas, describe el *reino del enemigo*. En este capítulo definiremos la palabra *mundo* con sus diferentes variantes. También hablaremos de la sagacidad, y de las estrategias del diablo contra el pueblo de Dios, su enemigo que más aborrece.

Mundo

En la Biblia encontramos, cuando menos, *cuatro distintas definiciones de la palabra mundo,* dependiendo del contexto local en que se utiliza dicha palabra. Una de las acepciones o variantes, a la cual haremos referencia, es: *El sistema del mundo (World System).* Como ya lo hemos dicho, no se refiere solamente al sistema político de gobierno, sino a la cultura, las ideas, los paradigmas, las filosofías, la religión, el misticismo, el ocultismo, el materialismo y el secularismo; todo un sistema que niega la esencia de la fe y la veracidad de las Sagradas Escrituras. Quienes aún están dentro de este sistema perciben, piensan, juzgan, disciernen, viven, hablan, sienten, caminan y, además, se comportan de acuerdo a un régimen de valores torcidos y completamente opuestos a los valores del reino de Dios. Esto es lo que, básicamente, constituye el *sistema del mundo o sistema de hombre*. "...Y en este cuerno había *ojos como ojos de hombre,* y una boca que hablaba grandezas" (Daniel 7:8).

Mundo como el género humano

"Porque de tal manera amó Dios al *mundo (el género humano),* que ha dado a su Hijo unigénito, para que todo aquel que en él cree, no se pierda, mas tenga vida eterna" (Juan 3:16). Es obvio que, cuando éste es el significado, los cristianos *tenemos el deber de amar al mundo* (a la humanidad perdida).

Mundo como el planeta tierra

"No ruego que los quites del *mundo (el planeta tierra),* sino que los guardes del mal" (Juan 17:15).

"No absolutamente con los fornicarios de este *mundo,* o con los avaros, o con los ladrones, o con los idólatras; pues en tal caso os sería menester salir del *mundo (la tierra)"* (I Corintios 5:10).

Mundo como la era cristiana

"Y sentándose él en el monte de las Olivas, se llegaron a él los discípulos aparte, diciendo: Dinos, ¿cuándo serán estas cosas, y qué señal habrá de tu venida, y del *fin del mundo? (la consumación de esta era)"* Mateo 24:3.

"Enseñándoles que guarden todas las cosas que os he mandado; y yo estoy con vosotros todos los días, hasta *el fin del mundo (la consumación de esta era).* Amén" (Mateo 28:20).

Mundo como el sistema mundanal o de hombre

"No améis al *mundo,* ni las cosas que están en el *mundo.* Si alguno ama al *mundo (el sistema del mundo),* el amor del Padre no está en él" (I Juan 2:15).

"Adúlteros y adúlteras, ¿no sabéis que la amistad del *mundo* es enemistad con Dios? Cualquiera, pues, que quisiere ser amigo del *mundo (el sistema del mundo),* se constituye enemigo de Dios" (Santiago 4:4).

La expresión que usamos, cuando un creyente se ha apartado de la fe en Cristo Jesús, es: *"El hermano se fue al mundo."* No quiere decir que se fue a otro planeta, o se fue a vivir a otra era, sino que dejó de servir a Dios, y se regresó al reino de las tinieblas (a la otra forma y estilo de vida). Quiere decir, que ha hecho un cambio radical y terrible de un mundo a otro mundo, de un reino a otro reino. Los apóstoles Pablo y Juan, hacen referencia al *mundo* en este mismo contexto. "Porque Demas me ha desamparado, amando este *siglo (sistema mundano),* y se ha ido a Tesalónica..." (II Timoteo 4:10). "Porque todo lo que hay en el *mundo,* la concupiscencia de la carne, y la concupiscencia de los ojos, y la soberbia de la vida, no es del Padre, mas del *mundo.* Y el *mundo (el sistema del mundo)* se pasa, y su concupiscencia, mas el que hace la voluntad de Dios, permanece para siempre" (I Juan 2:16, 17).

Los parámetros del sistema del mundo (World System)

Los *parámetros de este sistema,* como reiteradamente lo digo en este libro, abarcan todas las distintas formas y estructuras de gobierno, tanto en el aspecto político como en lo religioso; también incluye las distintas escuelas de pensamiento en los campos de filosofía, sicología, economía, política y teología; y todos los medios de comunicación: prensa, radio, televisión, internet... Todo esto ha sido usado por el enemigo, para producir un mundo lleno de intriga, pecado, iniquidad, violencia y corrupción. "...y el *mundo* entero está bajo el maligno" (I Juan 5:19). En este sentido, al diablo se le describe como el príncipe de este mundo.

"Ahora es el juicio de este *mundo,* ahora el *príncipe de este mundo* será echado fuera" (Juan 12:31).

"Y de juicio, por cuanto el *príncipe de este mundo* es juzgado" (Juan 16:11).

El verdadero enfoque del enemigo

Todos los reinos de la tierra han sido entregados a Satanás; están bajo su control y autoridad; y, como ya lo hemos visto, tienen una gran atracción y gloria. Ésta es la gloria que, descaradamente, el enemigo le ofreció al mismo Señor Jesucristo. (Lea Mateo 4:1-11 y Lucas 4:1-13).

"Y fue lanzado fuera aquel gran dragón, la serpiente antigua, que se llama diablo y Satanás, el cual engaña a *todo el mundo*; fue arrojado en tierra, y sus ángeles fueron arrojados con él." (Apocalipsis 12:9). *¿Estará satisfecho el enemigo,* teniendo a *todo el mundo* bajo su control y engañó? ¡No! ¡Absolutamente no! La guerra, la rabia y la furia acérrima del diablo son contra los hijos de Dios, los creyentes, el pueblo de Dios; todos aquellos que guardamos sus mandamientos y tenemos el testimonio de Jesucristo, somos el enfoque de su odio. La guerra es contra el reino de Dios aquí en la tierra y, en esta esfera, es donde utiliza sus maquinaciones de engaño más sutiles y más sagaces. ¿De qué forma o de qué manera son más sutiles y sagaces sus maquinaciones? En que sus armas, estrategias y tácticas son aparentemente piadosas, bíblicas, espirituales, cristianas y ungidas.

"Porque estos son falsos apóstoles, obreros fraudulentos, transfigurándose en apóstoles de Cristo. Y no es maravilla, porque el mismo Satanás se transfigura en ángel de luz. Así que, no es mucho si también sus ministros se transfiguran como ministros de justicia; cuyo fin será conforme a sus obras" (II Corintios 11:13-15).

El diablo se disfraza *como ángel de luz*; él no se presenta en la iglesia disfrazado con cuernos, cola y horquilla; y por esta razón, es complicado y, casi imposible, discernirlo; pues el "chango de oro" se esconde detrás de una máscara bonita y piadosa. Este disfraz religioso es la táctica o estrategia más potente del enemigo de nuestras almas, y la más sutil en todo su arsenal de armamentos; y la utiliza con poderosa efectividad para sembrar confusión, y producir así una mezcla o sincretismo de ambos sistemas.

CAPÍTULO DIECIOCHO

Un sistema híbrido

Una mezcla de dos sistemas

" ¿Quién es sabio y avisado entre vosotros? Muestre por buena conversación (conducta) sus obras en mansedumbre de sabiduría. Pero si tenéis envidia amarga y contención en vuestros corazones, no os gloriéis, no seáis mentirosos contra la verdad. Que esta sabiduría no es la que desciende de lo alto, sino terrenal, animal, diabólica. Porque donde hay envidia y contención, allí hay perturbación y toda obra perversa" (Santiago 3:13-16).

La sabiduría de lo alto
"Mas la sabiduría que es de lo alto, primeramente es pura, después pacífica, modesta, benigna, llena de misericordia y de buenos frutos, no juzgadora, no fingida. Y el fruto de justicia se siembra en paz, para aquellos que hacen paz" (Santiago 3:17, 18).

Santiago hace referencia a dos sabidurías: una terrenal, animal y diabólica; la otra sabiduría, que proviene de lo alto, es pura, pacífica, modesta, benigna, llena de misericordia, de buenos frutos, no juzgadora, no fingida. La primera se refiere a las obras de la carne, y la segunda al fruto del Espíritu; completamente opuestas la una de la otra. Las dos, aparente e irónicamente, existen dentro del mismo ambiente cristiano. Ésta es, precisamente, la paradoja y contradicción que denota el tema y título de este capítulo.

Guerras, combates, homicidios y adulterios

"¿De dónde vienen las guerras y los pleitos entre vosotros? ¿No son de vuestras concupiscencias, las cuales combaten en vuestros miembros? Codiciáis, y no tenéis; *matáis* y ardéis de envidia, y no podéis alcanzar. Combatís y guerreáis, y no tenéis lo que deseáis porque no pedís. Pedís, y no tenéis, porque pedís mal, para gastar en vuestros deleites. *Adúlteros y adúlteras, ¿no* sabéis que *la amistad del mundo es enemistad con Dios?* Cualquiera, pues, que quisiere ser *amigo del mundo, se constituye enemigo de Dios"* (Santiago 4:1- 4).

Estos versículos hablan de combate, pleitos, guerras, homicidios y adulterios. Evidentemente, Santiago no usa el sentido literal de muertes, guerras y adulterios, sino habla de las discordias, contiendas, codicias, pleitos y envidias que había entre los hermanos. La práctica de estos factores terrenales, animales y diabólicos, constituyen *la amistad con el mundo; una amistad ilícita.* Por eso los llama *homicidas, adúlteros y adúlteras.*

Exhortación a los Colosenses

"Si habéis, pues, resucitado con Cristo, buscad las cosas de arriba, donde está Cristo sentado a la diestra de Dios. Poned la mira en las cosas de arriba, no en las de la tierra. Porque muertos sois, y vuestra vida está escondida con Cristo en Dios. Cuando Cristo, vuestra vida, se manifestare, entonces vosotros también seréis manifestados con él en gloria. Amortiguad, pues, vuestros miembros que están sobre la tierra: fornicación, inmundicia, malicia, mala concupiscencia, y avaricia, que es idolatría; por las cuales cosas la ira de Dios viene sobre los hijos de rebelión. En las cuales vosotros también *anduvisteis en otro tiempo* viviendo en ellas. *Mas ahora, dejad también vosotros todas estas cosas*: ira, enojo, malicia, maledicencia, torpes palabras de vuestra boca. No mintáis los unos a los otros, habiéndoos despojado del viejo hombre con sus hechos. Y *revestidos* del nuevo (hombre), *el cual por el conocimiento es renovado conforme a la imagen del que lo creo"* (Colosenses 3:1-10).

Después de haber enumerado los pecados, que los hermanos practicaban en *otro tiempo (antes de haber creído en el Señor)*, el apóstol Pablo hace referencia a una segunda clasificación de pecados: ira, enojo, malicia, maledicencia, palabras torpes y mentira; *pecados sutiles* que el creyente aún puede cometer, sin practicar los pecados escandalosos de la primera lista. Y esta mezcla diabólica y de confusión, es descrita por los apóstoles Santiago y Pablo, en sus epístolas a las iglesias. *"Mas ahora, dejad también vosotros estas cosas."* ¿Mas ahora qué? *Ahora que son hermanos y creyentes en Cristo Jesús*; ahora que habéis resucitado con Cristo.

"Mas vosotros no habéis aprendido así a Cristo, si empero lo habéis oído, y habéis sido por él enseñados, como la verdad está en Jesús. *A que dejéis la pasada manera de vivir,* el viejo hombre que está viciado conforme a los deseos de error; y a renovarnos en el espíritu de vuestra mente. Y vestir el nuevo hombre que es creado conforme a Dios en justicia y en santidad de verdad. Por lo cual, dejada la mentira, hablad verdad cada uno con su prójimo; porque somos miembros los unos de los otros. Airaos, y no pequéis; no se ponga el sol sobre vuestro enojo; ni deis lugar al diablo. El que hurtaba, no hurte más; antes trabaje, obrando con sus manos lo que es bueno, para que tenga de qué dar al que padeciere necesidad. Ninguna palabra torpe salga de vuestra boca, sino la que sea buena para edificación, para que dé gracia a los oyentes. Y no contristéis al Espíritu Santo de Dios, con el cual estáis sellados para el día de la redención. *Toda amargura, enojo, ira, voces, y maledicencia sea quitada de vosotros, y toda malicia. Antes sed los unos con los otros benignos, misericordiosos, perdonándoos los unos a los otros, como también Dios os perdonó en Cristo"* (Efesios 4:20 - 32).

Por tanto, sigue en pie la exhortación de despojarnos del viejo hombre, que está viciado a la *naturaleza del mundo*, y vestirnos del nuevo, para ser renovados conforme a *la imagen del que nos creó* (nuestro Dios). En los siguientes versículos, el apóstol Pablo también clarifica a qué se refieren las Escrituras cuando hablan de *la imagen de Dios.*

"No mintáis los unos a los otros, *habiéndoos despojado del viejo hombre con sus hechos, y revestidos del nuevo, el cual por el conocimiento es renovado conforme a la imagen del que lo creó;* donde no hay griego ni judío, circuncisión ni incircuncisión, bárbaro ni escita, siervo ni libre, mas Cristo es el todo, y en todos. *Vestíos, pues,* como elegidos de Dios, *santos y amados, de entrañas de misericordia, de benignidad, de humildad, de mansedumbre, de tolerancia. Sufriéndoos los unos a los otros, perdonándoos los unos a los otros, si alguno tuviere queja del otro. De la manera que Cristo os perdonó así también hacedlo vosotros. Y sobre todas estas cosas vestíos de amor, el cual es el vínculo de la perfección. Y la paz de Dios gobierne vuestro corazón, a la cual así mismo sois llamados en un cuerpo. Y sed agradecidos. La palabra de Cristo habite en vosotros en abundancia, en toda sabiduría, ensenándoos y exhortándoos los unos a los otros con salmos e himnos y canciones espirituales, con gracia cantando en vuestro corazón al Señor. Y todo lo que hacéis, sea de palabra, o de hecho, hacedlo todo en el Nombre del Señor Jesús, dando gracias a Dios Padre por él"* (Colosenses 3:9 -17).

La táctica de nuestro enemigo es que, aunque el cristiano haya dejado los pecados descarados y escandalosos de la carne, siga viviendo atado en los pecados internos. ¡Éste es el engaño más sutil del diablo! Al cristiano le es muy difícil y, quizás, hasta imposible, reconocer que está mal cuando aparenta vivir una vida buena o moral. Esto fue, precisamente, el problema interno de los escribas y fariseos; limpios por fuera como sepulcros blanqueados, pero por dentro llenos de gusanos: suciedad, envidias, falta de perdón, deprecaciones, juicios, críticas, chismes, desprecios, indiferencia, celos, orgullo, soberbia, contienda, difamación, etc., etc.

"¡Ay de vosotros, escribas y fariseos, hipócritas! Porque diezmáis la menta y el eneldo y el comino, y dejasteis lo que es lo más grave (serio o importante) de la ley, es a saber, el juicio y la misericordia y la fe. Esto era menester hacer, y no dejar lo otro. ¡Guías ciegos, que coláis el mosquito, mas tragáis el camello! ¡Ay de vosotros, escribas y fariseos, hipócritas! Porque limpiáis lo que está de fuera del vaso y del plato; mas de dentro estáis llenos de robo y de injusticia. ¡Fariseo ciego, *limpia primero lo de dentro del vaso y del plato, para que también lo de fuera se haga limpio*! ¡Ay de vosotros, escribas y fariseos, hipócritas! Porque sois semejantes a sepulcros blanqueados, que de fuera, a la verdad, se muestran hermosos, más de dentro están llenos de huesos de muertos y de toda suciedad. Así también vosotros *de fuera, a la verdad, os mostráis justos a los hombres; mas de dentro, llenos estáis de hipocresía e iniquidad"* (Mateo 23:23-28).

Simplificando los conceptos

Existe una *regla entre líneas,* que corre por el corazón de casi todo tema doctrinal, que nos ayuda a simplificar las enseñanzas de la Palabra de Dios. ¿Cuál es esta regla? Que toda posición, todo principio, precepto y factor, tienen un elemento contrario, contraste o contraparte. *Siempre se trata de dos aspectos.* Por ejemplo, *dos árboles,* el de la vida y el del conocimiento del bien y el mal; *dos caminos,* el ancho y el angosto; *dos cualidades,* lo bueno y lo malo; *dos opciones,* la vida y la muerte; *dos reinos,* el de la luz y el de las tinieblas; *dos clases de hijos,* los de Dios y los del diablo; *dos cosechas,* el trigo y la cizaña; *dos manadas,* las ovejas y los cabritos; *dos categorías,* los salvos y los perdidos; *dos razonamientos,* la mentira y la verdad; *dos consecuencias,* la bendición y la maldición; *dos destinos,* la vida eterna y el tormento eterno. Y esto es sólo por mencionar algunos contrastes, pero que ilustran muy bien el sistema híbrido del cual ya hemos hablado, es a saber, *el fruto del Espíritu y las obras de la carne* dentro de un mismo sistema. *Estos dos factores y resultados* son los distintivos espirituales y carnales, que *deberían determinar claramente* con cuál sistema estamos identificados: con el reino de Dios o el de las tinieblas.

La complicación

Aparentemente, todo esto es claro y sencillo, pero identificar el pecado en el creyente, cuando éste aparenta piedad, no siempre es fácil; pues es posible practicar y vivir una mezcla de los dos elementos: *el fruto del Espíritu y las obras de la carne.* Esto sí causa confusión, pues no se sabe si esta especie de creyente es o no es, o qué es. Se forma una entidad híbrida: *la mezcla de dos naturalezas y estructuras* opuestas en el cristiano. Éste se convierte en una paradoja o contradicción, es decir, un fariseo religioso y un creyente carnal. Este último (el carnal), practica las obras escandalosas de la carne, y al mismo tiempo *algunas* obras de piedad. Éste es descarado y, por ende, fácil de identificar. Al contrario, el fariseo, que tiene apariencia de piedad, es más peligroso, pues es más difícil reconocerlo o identificarlo, ya que sus pecados son internos.

Evidencias y resultados de un espíritu híbrido en la iglesia

Si se practica una estructura bíblica de gobierno, pero se carece de los elementos propios que constituyen el reino de Dios, como la justicia, verdad, rectitud, misericordia, fe, amor, perdón, compasión, benignidad, paciencia…, entonces ese sistema no es un sistema bíblico y legítimo, aunque se salude con la *"Paz de Cristo," "Dios lo bendiga,"* o *"Shalom,"* porque los elementos espirituales e invisibles que, primordialmente, definen al reino de Dios, son sus valores, ética, naturaleza y propósito. Si estos elementos no existen, entonces no es lo que se reclama o se pretende ser.

El espíritu sectario de exclusividad, es no considerar como verdaderos cristianos a los que no son de su movimiento, su ministerio, su denominación o su organización, y, además, abierta o sutilmente, enseñan ser los únicos con la verdad absoluta. Estas actitudes y acciones también son evidencia de la *influencia del espíritu maligno* del sistema de hombre, aunque no se tenga una estructura piramidal ni un sistema democrático y, con más razón, si los tuvieran.

Otra evidencia de la naturaleza o espíritu del sistema de hombre, es prohibir a sus miembros o feligreses que se reúnan o tengan fraternidad y comunión con los de otro movimiento o ministerio. Desafortunadamente, abunda el número de grupos, organizaciones, ministerios, fraternidades, denominaciones y sectas religiosas que caben en esta categoría.

Otro de los rasgos o resultados de la naturaleza del sistema de hombre, es el asesinato espiritual que se comete con quienes deciden salirse o son expulsados de cierta organización, fraternidad o ministerio. Es triste mirar el inmenso número de hermanos heridos; pero la peor tragedia es los que han sido dejados por muertos… víctimas de las acciones de sus propios hermanos. ¡Qué ironía que *sí* se pueda perdonar a quienes han pecado moralmente contra Dios, *mas no a los que pecan contra nosotros, nuestras doctrinas, nuestro grupo, nuestro ministerio o "nuestra iglesia!"*

Un efecto más de esta ceguera espiritual, es que si algunos quisieran salir de sus "corralitos" o *"del seno de la Santa Madre Iglesia,"* son sutil o abiertamente intimidados y amenazados por sus propios líderes de quedar "fuera de la iglesia," sin salvación, y estigmatizados como *"los salidos."* Mientras que otros, entre más grandes y sofisticadas sean sus organizaciones o movimientos (oficinas, escuelas, colegios, seminarios, universidades…), más seguros se sienten, y ven su crecimiento numérico, sus éxitos y su prosperidad como el sello de la aprobación de Dios sobre ellos.

Esta breve lista de evidencias y situaciones, que hemos citado, son características comunes de la mayoría de las grandes organizaciones cristianas. Sin embargo, estos rasgos se han transferido y heredado a un sin número de grupos *"independientes, libres y autónomos" de diferentes tamaños,* quienes presumen estar liberados de las grandes organizaciones y sistemas de hombres, *pero, lamentablemente, manifiestan las mismas características y actitudes prejuiciosas, y el mismo espíritu religioso, autoritario y despreciativo.*

Nueva categoría de creyentes

Como resultado de las acciones mencionadas anteriormente, y de otras no mencionadas, se da a luz o surge una categoría nueva de creyentes: los que han sido marginados, abusados, golpeados, heridos, abandonados, expulsados, despreciados, rechazados, marcados y condenados por sus propios hermanos. Estos creyentes estigmatizados se enfrentan con un inmenso desafío: sanar sus heridas espirituales, emocionales, sicosomáticas, y perdonar a los que les han causado tan grande daño. Si no logran superar estas experiencias dolorosas, se convierten en personas amargadas y llenas de aborrecimiento. Consecuentemente, los consume la tristeza, desánimo y depresión, o se llenan de ira y de odio contra sus opresores y verdugos. Ninguna reacción es válida ni legítima, aunque sigan *sirviendo a Dios.* Pues caen también en la trampa de un sistema híbrido.

Ahora bien, al no poder superar los golpes recibidos en la iglesia, otro peligro es caer de nuevo en los pecados no sutiles y escandalosos de la carne, que son: fornicación, adulterio, depravación, borracheras, drogadicción, pornografía, hechicerías, suicidios… En estos pecados han caído multitudes de creyentes decepcionados y en contra de *"toda la bola de hipócritas,"* y terminan desilusionados con *"la iglesia o la religión."* ¿Acaso no hemos escuchado tales expresiones de muchos de nuestros hermanos que han tropezado o fracasado? Y para añadir *insulto al daño,* los *hermanos* opresores sienten *una satisfacción perversa*, porque la caída de estos "rebeldes," según ellos, es porque se salieron de "la verdadera iglesia." Y para acallar sus conciencias y justificar sus pésimas acciones, *citan y aplican erróneamente* las palabras del apóstol Juan, y, con sus corazones malvados, dicen: "Salieron de nosotros, mas no eran de nosotros; porque si fueran de nosotros, hubieran cierto permanecido con nosotros; pero salieron para que se manifieste que todos no son de nosotros" (I Juan 2:19). Así es como tuercen las palabras del apóstol Juan, al igual que las del apóstol Pablo.

El mejor proceso de restauración para estas *"ovejas perniquebradas,"* es que ellas mismas busquen primeramente la ayuda de Dios, y *crean* que él es misericordioso para perdonar, sanar y restaurar; y después someterse a ministerios capaces de consejería pastoral, y hablar verdad para su propio beneficio y la sanidad de sus almas, perdonando a sus *hermanos* quienes los han herido y dañado. Sobre todo, se necesita *un ejército poderoso y compasivo de intercesores,* que tengan grande carga de Dios por todo creyente caído y fracasado. Pues muchos, en esta situación, han perdido toda esperanza, fe y fuerzas para buscar y creer a Dios. Por esto está, enfáticamente, escrito: "El fin de todas las cosas se acerca, sed pues, templados, y velad en oración. *Y sobre todo,* tened entre vosotros *ferviente amor, porque el amor cubrirá multitud de pecados"* (I Pedro 4:7, 8).

Podríamos identificar otras muchas causas y efectos que modelan un sistema de hombre o un movimiento híbrido. Use su lúcida imaginación, y podrá descubrir un sin número de situaciones con las que todos nos enfrentamos cada día.

Situaciones por las cuales somos tentados, en la vida privada, familiar, en la iglesia o pueblo de Dios, a mezclar lo espiritual con lo carnal y lo sagrado con lo mundano.

CAPÍTULO DIECINUEVE

El poder del reino de Dios

Primera parte

"**P**orque el reino de Dios no consiste en *palabras,* sino en *virtud (poder)*" (I Corintios 4:20).

La definición de la palabra virtud, según el diccionario Espasa-Calpe de la lengua española, es:

1) *Cualidad moral, acción virtuosa o forma recta de proceder.*
2) *Capacidad o poder.*

Cualidad moral y poder por el Espíritu Santo

En el aspecto de su esencia, el reino de Dios, primordial y fundamentalmente, consiste de cualidades de carácter moral, justicia y verdad; que, en resumen, *son las características del fruto del Espíritu.* Todos estos aspectos y elementos espirituales son los componentes del reino de Dios. Por esa misma razón, también está escrito: "Que el reino de Dios *no es comida ni bebida, sino justicia, paz y gozo por el Espíritu Santo*" (Romanos 14:17). Esta escritura comprueba, sin lugar a dudas, que las cualidades del reino no son resultados del esfuerzo humano, sino consecuencias propias del poder del Espíritu Santo. ¡Es sobrenatural! Éste es el mensaje central del evangelio de Jesucristo, que el apóstol Pablo defiende con vehemencia. "Esto sólo quiero saber de vosotros: ¿Recibisteis el Espíritu por las obras de la ley, o por el oír de la fe? ¿Tan necios sois? ¿Habiendo comenzado por el Espíritu, ahora os perfeccionáis por la carne?" (Gálatas 3:2, 3).

La defensa del evangelio, que utiliza el apóstol en sus escritos, consiste en que el *inicio y sostén* de nuestra salvación es por la fe, y no por la carne (el esfuerzo humano). "Más de él sois en Cristo Jesús, el cual *nos ha sido hecho por Dios sabiduría, y justificación, y santificación, y redención.* Para que, como está escrito: El que se gloría, gloríese en el Señor" (I Corintios 1:30, 31).

"Entonces respondió y hablóme, diciendo: Ésta es palabra del Señor a Zorobabel, en que se dice: *No con ejército, no con fuerza, sino con mi Espíritu,* ha dicho el Señor de los ejércitos" (Zacarías 4:6).

Segunda parte de la definición

La segunda parte de la definición de la palabra virtud, es: *Capacidad o poder.* Después de que Dios forma, forja, desarrolla y establece la *cualidad moral (carácter)* en nuestras vidas, quedamos posicionados para que se manifieste en nosotros la *virtud (poder)* del reino. Las siguientes escrituras de los evangelios sinópticos, describen las potentes demostraciones del Espíritu Santo en la vida de los creyentes.

"Y yendo, predicad, diciendo: El reino de los cielos se ha acercado. Sanad enfermos, limpiad leprosos, resucitad muertos, echad fuera demonios; de gracia recibisteis, dad de gracia" (Mateo 10:7, 8).

"Y estas señales seguirán a los que creyeren: En mi Nombre echarán fuera demonios, hablarán nuevas lenguas, quitarán serpientes, y si bebieren cosa mortífera, no les dañará; sobre los enfermos pondrán sus manos y sanarán" (Marcos 16:17, 18).

"Y sanad a los enfermos que en ella hubiere, y decidles: Ha llegado a vosotros el reino de Dios... Y volvieron los setenta con gozo, diciendo: Señor, aun los demonios se nos sujetan en tu Nombre. Y les dijo: Yo veía a Satanás, como un rayo, que caía del cielo. He aquí os doy potestad de hollar sobre las serpientes y los escorpiones, y sobre toda fuerza del enemigo, y nada os dañará. Mas no os gocéis de esto, de que los espíritus se os sujetan; antes gozaos de que vuestro nombre está escrito en los cielos" (Lucas 10:9,17-20). ¡Ésta es la operación y la demostración portentosa del reino de Dios!

El modelo perfecto
"Y Jesús, *lleno del Espíritu Santo,* volvió del Jordán, y fue *llevado por el Espíritu* al desierto, por cuarenta días, y era tentado del diablo. Y no comió cosa en aquellos días, los cuales pasados, tuvo hambre... Y Jesús *volvió en poder del Espíritu* a Galilea, y salió la fama de él por toda la tierra de alrededor. Y enseñaba en las sinagogas de ellos, y era glorificado de todos. Y vino a Nazaret, donde había sido criado; y entró, conforme a su costumbre, el día del sábado en la sinagoga, y se levantó a leer. Y fuele dado el libro del profeta Isaías, y como abrió el libro, halló el lugar donde estaba escrito: El Espíritu del Señor es sobre mí, por cuanto me ha ungido para dar buenas nuevas a los pobres, me ha enviado para sanar a los quebrantados de corazón,

para pregonar a los cautivos libertad, y a los ciegos vista, para poner en libertad a los quebrantados, para predicar el año agradable del Señor. Y rollando el libro, lo dio al ministro, y sentóse, y los ojos de todos en la sinagoga estaban fijos en él" (Lucas 4:1, 2,14-20).

El Señor Jesucristo es el único prototipo perfecto de la vida y el ministerio de cada creyente; y este modelo quedó demostrado con:

1. Su bautismo en el río Jordán, por Juan el Bautista, para cumplir toda justicia (Mateo 3:13-17).
2. Su misión al desierto, donde ayunó cuarenta días y cuarenta noches, y fue tentado por el diablo (Mateo 4:1, 2).
3. Su retorno del desierto *en virtud del Espíritu Santo,* para comenzar su ministerio *en Galilea* (Lucas 4:14, 15).

Volvamos a mirar, estimado lector, en las escrituras anteriores, el orden o secuencia de los acontecimientos en la vida y ministerio del Señor Jesucristo. Primero, *fue lleno* del Espíritu Santo, cuando fue bautizado en el río Jordán; segundo, *fue llevado* por el Espíritu al desierto, donde ayunó y fue tentado por el diablo; tercero, *volvió en el poder* del Espíritu Santo a Galilea.

Su bautismo, los cuarenta días de ayuno y la terrible tentación del diablo en el desierto, fueron los días de prueba y preparación en la vida y ministerio del Señor Jesús; para que, no sólo obrara milagros, prodigios y sanidades, sino dar redención, perdón, salvación y la vida eterna a todo aquel que en él creyere.

"Así que, por cuanto los hijos participaron de carne y sangre, él también participó de lo mismo, *para destruir por la muerte al que tenía el imperio de la muerte,* es a saber, al diablo. Y *librar a* los que por el temor de la muerte estaban por toda la vida sujetos a servidumbre. Porque ciertamente no tomó a los ángeles, sino a la simiente de Abraham tomó. Por lo cual, debía ser en todo semejante a los hermanos, para venir a ser misericordioso y fiel Pontífice ante Dios, para expiar los pecados del pueblo. Porque en cuanto él mismo padeció siendo tentado, es poderoso para socorrer a los que son tentados" (Hebreos 2:14-18).

"Porque no tenemos un Pontífice que no se pueda compadecer de nuestras flaquezas; mas tentado en todo según nuestra semejanza, pero sin pecado" (Hebreos 4:15).

"El cual en los días de su carne, ofreciendo ruegos y súplicas con gran clamor y lágrimas al que le podía librar de la muerte, fue oído por su reverencial miedo. Y aunque era Hijo, por lo que padeció, aprendió la obediencia. Y consumado, vino a ser causa de eterna salud a todos los que le obedecen" (Hebreos 5:7-9).

En ese orden, en la vida y el ministerio público del Señor Jesucristo, fueron manifestándose la presencia y el *poder del reino de los cielos*. Y es nuestro magnífico e inexorable destino que, como sus discípulos e hijos del reino, sigamos sus pisadas.

"Porque para esto sois llamados; pues que también Cristo padeció por nosotros, *dejándonos ejemplo, para que sigamos sus pisadas*. El cual no hizo pecado, ni fue hallado engaño en su boca. Quien cuando le maldecían, no retornaba maldición; cuando padecía, no amenazaba, sino remitía la causa al que juzga justamente. (I Pedro 2:21-23). "Porque *ejemplo os he dado,* para que *como yo os he hecho*, vosotros también hagáis" (Juan 13:15). "El discípulo no es más que su maestro, ni el siervo más que su señor. Bástale al discípulo ser como su maestro, y al siervo como su Señor" (Mateo 10:24, 25a).

CAPÍTULO VEINTE

El poder del reino de Dios
Segunda parte

"Todas las cosas que pertenecen a la vida y a la piedad nos fueron dadas de su divina potencia, por el conocimiento de aquel que nos ha llamado por su gloria y virtud. Por las cuales nos son dadas preciosas y grandísimas promesas, para que por ellas *fueseis hechos participantes de la naturaleza divina, habiendo huido de la corrupción* que está en el mundo *por causa de la concupiscencia*" (2 Pedro 1:3, 4).

La única forma de escapar de esta corrupción que está en el mundo, y de la concupiscencia de nuestra propia carne, es por su divina potencia y por sus maravillosas promesas, pues por ellas y por medio de la fe, *nos ha hecho participantes de la naturaleza divina*; la misma naturaleza del reino. Mas esta naturaleza del sistema de Dios en su totalidad, incluyendo su estructura, funcionan y *fluyen completamente en contra de la naturaleza humana*. Para que el sistema funcione, en este asunto del reino, debemos rendir nuestra voluntad, someter nuestros pensamientos, frenar nuestra lengua, sujetar nuestros impulsos y emociones... El apóstol Juan escribe sobre esta miríada de emociones, sentimientos, pensamientos, impulsos y conceptos: "Porque *todo lo que hay en el mundo, la concupiscencia de la carne, la concupiscencia de los ojos, y la soberbia de la vida*, no es del Padre, mas del mundo" (I Juan 2:16).

El propósito de Dios, es romper el dominio de estos elementos terrenales en la vida del creyente, para que pueda fluir el poder del reino, *que es el fruto y el poder del Espíritu Santo*. Este proceso es absolutamente indispensable en la vida de todo creyente, pues sin la experiencia del quebrantamiento del viejo hombre, nadie, por su esfuerzo humano, logrará vivir el fruto del Espíritu y los dones espirituales, cualidades que sólo el Espíritu Santo puede producir y repartir a quien él quiere, y como él quiere. El ser humano, *aunque presuma de ser cristiano*, de sí mismo sólo puede manifestar las obras de la carne, y nada más. "Porque no hago el bien *que quiero*; mas el mal *que no quiero*, éste hago" (Romanos 7:19).

El proceso continuo de ser amoldados a su imagen.
"A él conviene crecer, más a mí menguar" (Juan 3:30). Esta experiencia de menguar no es un solo evento en la vida cristiana, sino un continuo y arduo proceso de crecimiento. Este hecho de menguar, para que él crezca, hace brillar su luz y su gloria en nuestras vidas, pues al perder, menguar y morir a nosotros mismos, nos convertimos en instrumentos que manifiestan y magnifican la misma vida de Cristo. "Llevando siempre por todas partes la muerte de Jesús en el cuerpo, para que también la vida de Jesús sea manifestada en vuestros cuerpos. Porque nosotros que vivimos, siempre estamos entregados a muerte por Jesús, para que también la vida de Jesús sea manifestada en nuestra carne mortal" (II Corintios 4:10,11).

Recuerdo haber escuchado a un estimado predicador veterano, decir: "¡Todo mundo habla de un gran avivamiento, mas yo digo que es necesario que primero haya un funeral!" Esta muerte y funeral es lo que trae la verdadera vida, y es el secreto para desatar el poder del reino de Dios.

La cruz y el bautismo representan muerte

Precisamente, tanto la cruz como el bautismo, representan quebrantamiento, humillación, abnegación y la muerte de sí mismo; producen y desatan potencia para salvación, liberación, sanidad y restauración. Éste es el ejemplo del maestro, y nuestro privilegio es seguir sus pasos. ¡Gloria a Dios! "Porque yo por la ley *soy muerto a la ley*, para vivir para Dios. Con Cristo *estoy juntamente crucificado, y vivo, no ya yo, mas vive Cristo en mí*. Y lo que ahora vivo en la carne, lo vivo en la fe del Hijo de Dios, el cual me amó, y se entregó a sí mismo por mí" (Gálatas 2:19, 20).

"¿Pues que diremos? ¿Perseveramos en pecado para que la gracia crezca? En ninguna manera. Porque los que *somos muertos al pecado*, ¿cómo viviremos aún en él? ¿O no sabéis que todos los que somos bautizados en Cristo Jesús, *somos bautizados en su muerte*? Porque *somos sepultados juntamente con él a muerte por el bautismo*, para que como Cristo resucitó de los muertos por la gloria del Padre, así también nosotros andemos en novedad de vida. Porque si *fuimos plantados juntamente en él a la semejanza de su muerte*, así también lo seremos a la de su resurrección. Sabiendo esto, que nuestro *viejo hombre juntamente fue crucificado con él, para que el cuerpo del pecado sea deshecho*, a fin de que no sirvamos más al pecado. Porque el que es muerto, justificado es del pecado. Y *si morimos con Cristo*, creemos que también viviremos con él.

Sabiendo que Cristo, habiendo resucitado de entre los muertos, ya no muere; la muerte no se enseñoreará más de él. Porque el haber muerto, al pecado murió una vez; mas el vivir, a Dios vive. Así también vosotros, pensad que de *cierto estáis muertos al pecado*, mas vivos a Dios en Cristo Jesús Señor nuestro" (Romanos 6:1-11).

"Y decía a todos: Si alguno quiere venir en pos de mí, niéguese a sí mismo, y tome su cruz cada día, y sígame. Porque cualquiera que quisiere salvar su vida la perderá; *cualquiera que perdiere su vida* por causa de mí, éste la salvará" (Lucas 9:23, 24).

"El que ama a padre o madre más que a mí, no es digno de mí, y el que ama a hijo o hija más que a mí, no es digno de mí. *Y el que no toma su cruz*, y sigue en pos de mí, no es digno de mí" (Mateo 10:37, 38).

"De cierto, de cierto os digo, que *si el grano de trigo no cae en tierra y muere*, el solo queda; *mas si muriere, mucho fruto lleva.* El que ama su vida, la perderá; y *el que aborrece su vida en este mundo, para vida eterna la guardará*" (Juan 12:24, 25).

"Y llamando a la gente con sus discípulos, les dijo: Cualquiera que quisiere venir en pos de mí, niéguese a sí mismo, y tome su cruz, y sígame. Porque el que quisiere salvar su vida, la perderá; y *el que perdiere su vida por causa de mí y del evangelio, la salvará*" (Marcos 8:34, 35).

"Porque la palabra de la cruz es locura a los que se pierden; mas a los que se salvan, es a saber, a nosotros, es *potencia* de Dios" (I Corintios 1:18).

"Porque no me avergüenzo del evangelio, porque es *potencia* de Dios para salvación a todo aquel que cree; al judío primeramente y después al griego" (Romanos 1:16).

Estas escrituras confirman la vida y la potencia que produce la cruz de Cristo. También afirman, que este negocio del reino no es meramente un asunto sólo de palabras, sino de autoridad y poder. *Estar crucificado juntamente con Cristo, y morir al viejo hombre*, nos prepara para ser llenos, guiados, amoldados por el Espíritu, y además, ser usados con poder para romper yugos, liberar a los cautivos, soltar a los presos, sanar a los quebrantados de corazón, dar vista a los ciegos, y pregonar el tiempo de perdón y restauración.

Perseverando en el Espíritu

Así como Dios, en lo natural, nos ha dado el instinto del hambre y de la sed, para estimularnos a buscar alimentos y agua para satisfacer nuestras necesidades físicas; de igual manera él forja y desarrolla en nosotros el hambre y la sed espiritual: la necesidad de una búsqueda inexorable de Dios, por medio de la adversidad, la aflicción y la prueba. *"Bienaventurados los que tienen hambre y sed de justicia,* porque ellos serán hartos" (Mateo 5:6).

"Como el siervo brama por las corrientes de las aguas, así clama por ti, oh Dios, el alma mía. Mi alma tiene sed de Dios, del Dios vivo. ¡Cuándo vendré, y pararé delante de Dios! Fueron mis lágrimas mi pan de día y de noche, mientras me dicen todos los días: ¿Dónde está tu Dios?" (Salmo 42:1-3).

Con cuánta razón, el Rey David no describe su búsqueda de Dios como una mera disciplina, obligación, responsabilidad o un deber, sino como un grande anhelo y necesidad. "¡Cuán amables son tus moradas, o Señor de los ejércitos! *"Codicia y aun ardientemente desea mi alma los atrios del Señor.* Mi corazón y mi carne cantan al Dios vivo" (Salmo 84:1, 2).

En la vida del rey David, la búsqueda de Dios se había convertido en un deseo ardiente, en una pasión intensa, y en una urgente necesidad de vida o muerte. Así como necesitaba oxígeno para respirar, agua para beber y alimento para comer, también le era tan necesario comer el pan del cielo, y beber del agua de vida, mediante la comunión diaria con Dios en oración, adoración y meditación en su Palabra viva. "Una cosa he demandado al Señor, ésta buscaré: Que esté yo en la casa del Señor todos los días de mi vida, para contemplar la hermosura del Señor, y para inquirir en su santo templo." "Mi corazón ha dicho de ti: Busca su rostro. Tu rostro buscaré, oh Señor" (Salmo 27:4, 8).

Cuando la comunicación y relación del creyente con su Dios ha llegado a este nivel, es porque se ha desarrollado y asegurado una relación íntima con él; y, definitivamente, esta relación permanecerá y perdurará, porque ha sido elevada a otra dimensión en su búsqueda de Dios. Humanamente, nadie dice: *"¡Oh qué fastidio, tengo que respirar; tengo que beber; tengo que comer!"* No nos preocupamos por un ser sano para que respire, coma o beba; pues sabemos que, por naturaleza, necesita satisfacer sus necesidades naturales básicas, porque su cuerpo las anhela para vivir. De la misma manera, el cristiano que ha sido llevado a esta dimensión con Dios, no sólo lo busca por obligación o compromiso, sino por ardiente necesidad; convirtiéndose esta búsqueda en un verdadero deleite.

"Y rodeó Jesús toda Galilea, enseñando en las sinagogas de ellos, y predicando el *evangelio del reino*, y sanando toda enfermedad y toda dolencia en el pueblo. Y corría su fama por toda Siria, y le trajeron todos los que tenían mal, los tomados de diversas enfermedades y tormentos, y los endemoniados, y lunáticos, y paralíticos, *y los sanó*. Y le siguieron muchas gentes de Galilea y de Decápolis y de Jerusalem y de Judea y de la otra parte del Jordán" (Mateo 4:23-25).

"Y viendo a las gentes subió al monte; y sentándose, se llegaron a él sus discípulos. Y abriendo su boca, les enseñaba, diciendo: Bienaventurados los pobres en espíritu, porque de ellos es el reino de los cielos. Bienaventurados los que lloran, porque ellos recibirán consolación… Bienaventurados los que tienen hambre y sed de justicia, porque serán hartos… Bienaventurados los que padecen persecución por causa de la justicia, porque de ellos es el reino de los cielos. Bienaventurados sois cuando os vituperaren y os persiguieren, y dijeren de vosotros todo mal por mi causa, mintiendo. Gozaos y alegraos; porque vuestra merced es grande en los cielos, que así persiguieron a los profetas que fueron antes de vosotros" (Mateo 5:1-12).

Originalmente, el Sermón del Monte fue una enseñanza diseñada y designada en especial para gente que, en su desesperación, habían seguido al Señor buscando respuestas a sus situaciones y condiciones trágicas, tristes y miserables; y, además, aun para sus discípulos, quienes debían conocer los principios éticos del reino.

Observemos bien *quiénes eran los que le buscaban con tanta urgencia y fe*. No les importaba caminar largas distancias durante horas, días y noches por caminos polvorientos, escabrosos y peligrosos; sufriendo el calor del día o el frío de las noches. ¿Por qué estuvieron dispuestos a sacrificarse de esta manera? *¡Porque ellos eran los más necesitados, desesperados y, hasta esa hora, sin esperanza!* Los leprosos, ciegos, rameras, pecadores... Otros le traían o intercedieron por sus siervos, amigos y seres amados: paralíticos, enfermos, lunáticos, endemoniados y atormentados. *¡Todos ellos creyeron, buscaron y encontraron al Señor*; y él les hizo justicia, llamándolos bienaventurados!

Las vidas de gentes necesitadas, indefensas y desesperadas son atraídas al Señor. *Él también es atraído a la ferviente y apasionada fe de ellos.* Parece ser que los que están *"bien"* no tienen ninguna o, solamente, tienen una muy mínima atracción por el Señor. "Bienaventurados los que tienen hambre y sed de justicia, porque ellos serán saciados" (Mateo 5:6).

Aparentemente, ésta es la misma forma o patrón que el Señor usa para con quienes él llama y trata para su servicio. Dios permite que nazca y se desarrolle en nosotros una *"frustración divina."* Esto nos hace pobres en espíritu, necesitados, y sin los recursos necesarios para suplir nuestra hambre y sed espiritual. Esta hambre y sed de justicia no es algo que ocurre una sola vez en nosotros, sino es *un continuo y repetido proceso* en la jornada de nuestra vida, hasta que se *convierte, precisamente, en una necesidad vital. ¡Si tengo hambre, necesito comer! ¡Si tengo sed, necesito beber!*

En nuestro caminar cristiano, muchas veces buscamos, perseguimos y llegamos a experimentar un nivel de éxito, y pensamos que hemos arribado a nuestro destino. Pero luego pasamos por otra desilusión y desánimo, y nos preguntamos:

¿Qué pasó? ¡Tan bien que íbamos! Y si no logramos entender el proceso de Dios, nos convertimos en víctimas de nuestras situaciones y circunstancias. Es, pues, indispensable entender cómo *"funciona el sistema de Dios,"* porque para ser saciados o satisfechos, siempre se requiere y se demanda tener hambre y sed. Estos dos elementos, hambre y sed, nacen y se forman en nuestras vidas con las experiencias del desierto. Moisés, Abraham, Jacob, José, Juan el Bautista, Pablo, Pedro y Juan el discípulo amado, así como todo siervo usado por Dios, han sido ejemplos de este mismo proceso, incluyendo al mismo Señor Jesucristo, quien fue el ejemplo perfecto.

El Salmista David articula esta verdad con profunda intensidad, pasión y clamor: *"Como el siervo brama* por las corrientes de las aguas, *así clama por ti, oh Dios, el alma mía. Mi alma tiene sed de Dios,* del Dios vivo. ¡Cuándo vendré, y pararé delante de Dios! Fueron mis lágrimas mi pan de día y de noche, mientras me dicen todos los días: ¿Dónde está tu Dios?" Acordaréme de estas cosas, y *derramaré sobre mí mi alma.* Cuando pasare en el número, iré con ellos hasta la Casa de Dios, con voz de alegría y de alabanza, haciendo fiesta la multitud. ¿Por qué te abates, oh alma mía, y te conturbas en mí? Espera a Dios, porque aún le tengo de alabar por las saludes de su presencia... ¿Por qué te abates, oh alma mía, y por qué te conturbas dentro de mí? Espera a Dios, porque aún le tengo de alabar. Es el salvamento delante de mí, el Dios mío" (Salmo 42:1-5, 11). *¡Siempre ha sido así!*

La penúltima estrofa del internacionalmente conocido himno *Agradecimiento*, escrito por mi padre, dice: "Las veces que la prueba has puesto en mi camino, en vez de ser derrota ha sido bendición..." ¿Por qué? Porque la prueba nos impulsa y nos lleva al lugar de una completa dependencia de Dios, al punto de no poder vivir sin él; y ése es el verdadero secreto del poder. Es el camino de la fe. Es la única forma en que tienen sentido las palabras de Pablo, en su carta a los hermanos de Corinto. "Y me ha dicho: Bástate mi gracia, porque *mi potencia en la flaqueza se perfecciona*. Por tanto, de buena gana *me gloriaré más bien en mis flaquezas, porque habite en mí la potencia de Cristo*. Por lo cual me gozo en las flaquezas, en afrentas, en necesidades, en persecuciones, en angustias por Cristo; porque *cuando soy flaco (débil), entonces soy poderoso"* (II Corintios 12:9, 10).

El secreto del poder del Reino no se encuentra, precisamente, en la prueba misma, sino en nuestra reacción y respuesta a ella, y en lo que la prueba y flaqueza producen: ¡una dependencia total y completa en el Señor, y una fe indomable, purificada por el fuego! Este proceso produce el carácter de Cristo en el creyente, posicionándolo para ser usado con gracia y poder. Barreras, obstáculos, malos entendidos, injusticias, desánimos, desilusiones y quebrantamiento de corazón, son parte de la estrategia de Dios.

El reino de Dios es una entidad multidimensional, y si nos quedamos satisfechos y estancados en cualquier nivel de nuestra jornada, nunca experimentaremos *su constante y creciente plenitud*. Estas experiencias despiertan, en nuestro espíritu, un torbellino de hambre y desesperación divina por experimentar y vivir en la presencia de Dios, su reino y su justicia. Se enciende en nuestra alma un fuego implacable; y una fe purificada e indestructible, capacitada para dominar, vencer, conquistar y destruir las obras del diablo. Así es como somos llevados al siguiente nivel y dimensión del Reino.

¡Qué lenguaje tan extraño para aquéllos que no han experimentado el profundo quebrantamiento en su propias vidas, y aun para quienes han sido enseñados, que estas cosas no les deben suceder a los hijos del Rey! Si este lenguaje es raro, lo es sólo para los que no entienden cómo funciona el sistema del Reino. Cuando el poderoso reino de Dios choca con el reino de las tinieblas, destruye las obras del diablo, y hace que éste último se doblegue a la autoridad superior. Entonces es cuando ocurren milagros, señales, prodigios, salvación, liberación y sanidades. ¡Así modeló su reino el Señor Jesucristo! ¡Él dominó y conquistó, a nuestro favor, las mismas huestes del infierno!

CAPÍTULO VEINTIUNO

La receta de Dios para aclarar los propósitos del Reino

¡Muchas tribulaciones!

"Y como hubieron anunciado el evangelio a aquella ciudad, y enseñando a muchos, volvieron a Listra, y a Iconio, y a Antioquia, confirmando los ánimos de los discípulos, exhortándoles a que permaneciesen en la fe, *y que es menester que por muchas tribulaciones entremos en el reino de Dios"* (Hechos 14:21, 22).

Como pueblo de Dios, ¿qué más debe suceder en el *mundo occidental,* para que funcionemos corporativamente en la plenitud del sistema de Dios, y traer así una manifestación poderosa de su Reino? En el capítulo anterior quedó demostrado, que Dios usó las pruebas y el quebrantamiento en las *vidas particulares e individuales* de los creyentes, para forjar, desarrollar y establecer una profunda humildad, una fe purificada en fuego y un total rendimiento a él; con el fin de producir una manifestación poderosa de su Reino. Hoy, también experimentamos este mismo proceso de Dios en nuestras propias vidas. La historia nos narra, desde el principio de la iglesia, que *llega el tiempo cuando Dios acelera este proceso*, y lo lleva a cabo no sólo en lo individual con cada creyente, sino de manera colectiva o general. ¿Cómo ha logrado esto, y por qué? Lo ha hecho a través de la persecución, a fin de cumplir sus propósitos para esa particular generación, ya que ha sido necesario levantar rápida y urgentemente un gran número de creyentes llenos del Espíritu Santo. Esto ha sucedido en el transcurso de los siglos, y sucede hoy en los países islámicos y comunistas.

En el caso de la iglesia primitiva, el Señor ordenó que se predicara el evangelio con la unción del Espíritu Santo, primeramente en Jerusalem, y después fuera de sus contornos. "Mas recibiréis la virtud del Espíritu Santo que vendrá sobre vosotros; y me seréis testigos en Jerusalem, y en toda Judea, y Samaria, y hasta lo último de la tierra" (Hechos 1:8). Así se lo dijo, pero los apóstoles y los hermanos estaban todos muy cómodos y felices, disfrutando de las bendiciones de Dios en Jerusalem; pero fue necesario sacudirlos y sacarlos de su *zona de confort,* para movilizar un irreprimible y poderoso ejército de "*laicos,*" quienes esparcían la palabra por toda Judea, Galilea y Samaria. "… Y en aquel tiempo *se hizo una gran persecución en la iglesia que estaba en Jerusalem*, y todos fueron esparcidos por las tierras de Judea y de Samaria, salvo los apóstoles. Y llevaron a enterrar a Esteban varones piadosos, e hicieron gran llanto sobre él. Entonces Saulo asolaba la iglesia, entrando por las casas; y trayendo a hombres y a mujeres, los entregaba en la cárcel. *Mas los que fueron esparcidos, iban por todas partes anunciando la palabra*" (Hechos 8:1- 4).

Esta aparente derrota se convirtió en un inmenso mover de Dios, porque "… los que fueron esparcidos, iban por todas partes anunciando la palabra." La convicción de este autor es que *ha llegado el tiempo* de acelerar el proceso y el cumplimiento de los propósitos de Dios en esta generación. Hoy, la evidencia innegable en el pueblo de Dios, es el derramamiento del espíritu de gracia, oración e intercesión. "Y derramaré sobre la casa de David, y sobre los moradores de Jerusalem, espíritu de gracia y de oración…" (Zacarías 12:10). Es oración por la mañana y por la tarde; después también a medio día y, final y literalmente, de día y de noche. "Yo a Dios clamaré, y el Señor me salvará. *Tarde y mañana y a mediodía oraré y clamaré, y él oirá mi voz"* (Salmo 55:16, 17). Esta oración corporativa, intensa, persistente, perseverante, llena de fe, apasionada, ferviente y llena del Espíritu Santo, provocará la aceleración de los propósitos de Dios.

"En aquel día yo levantaré el tabernáculo de David, caído, y cerraré sus portillos, y levantaré sus ruinas, edificarélo como en el tiempo pasado. Para que aquellos sobre los cuales es llamado mi Nombre, posean el resto de Idumea, y a todas las naciones, dice el Señor que hace esto. *He aquí vienen días, dice el Señor, en que el que ara alcanzará al segador, y el pisador de las uvas al que lleva la simiente*; y los montes destilarán mosto, y todos los collados se derretirán. Y tornaré el cautiverio de mi pueblo Israel, y edificarán ellos las ciudades asoladas, y las habitarán, y plantarán viñas, y beberán el vino de ellas, y harán huertos, y comerán el fruto de ellos. Pues los plantaré sobre su tierra, y nunca más serán arrancados de su tierra que yo les di, ha dicho el Señor Dios tuyo" (Amós 9:11-15).

El Señor levanta y tiene para sí un remante, un ejército de hombres y mujeres valientes; ancianos experimentados, jóvenes fuertes y aun niños avivados, como poderosos intercesores y guerreros de oración. Somos testigos de este fenómeno espiritual de cómo y cuándo Dios ha usado a jóvenes y a pequeñitos del reino para hacer grandes proezas. ¡Es impactante observarlo! En este ejército no hay grandes estrellas, sino hombres, mujeres, niños y aun familias enteras, que son usados por Dios para manifestar su gloria sobre la tierra.

"Por amor de Sión no callaré, y por amor de Jerusalem no he de parar, hasta que salga como resplandor su justicia, y su salud se encienda como una antorcha. Entonces verán las gentes tu justicia, y todos los reyes tu gloria; y te será puesto un nombre nuevo, que la boca del Señor nombrará. Y serás corona de gloria en la mano del Señor y diadema de reino en la mano del Dios tuyo… *Sobre tus muros, oh Jerusalem, he puesto guardas; todo el día y toda la noche no callarán jamás.* Los que os acordáis del Señor, *no ceséis; ni le deis tregua (descanso),* hasta que confirme y hasta que ponga a Jerusalem en alabanza en la tierra" (Isaías 62:1-3, 7, 8).

Muchos de los creyentes, que tomarán parte para anunciar la palabra y manifestar la gloria de Dios, en esta última hora, serán aquellos que antes fueron heridos en el camino, que cayeron, fueron abandonados y aun dejados por muertos. De esta multitud de caídos, nosotros los veteranos de esta milicia, somos testigos. Si hoy pudiéramos reunir a todos los que anteriormente entregaron sus vidas al Señor, no cupieran en nuestros templos y edificios. Estos hermanos fueron bautizados en su Nombre y llenos del Espíritu Santo, caminaron y oraron con nosotros, creyentes de todas las edades y aun poderosos predicadores, que después de haber militado, fracasaron y se apartaron del camino.

Muchos de ellos anhelan regresar al Señor; pero también un gran número de éstos han perdido por completo la esperanza de regresar a Dios. Han dicho como dijo Israel: "Nuestros huesos se secaron, y pereció nuestra esperanza, y somos del todo talados" (Ezequiel 37:11). Están convencidos que son cortados del todo de la tierra de los vivientes. Fueron víctimas de circunstancias, situaciones, del pecado, la ignorancia, la religiosidad, fracasos, tragedias, tentaciones, divisiones, contiendas, malos entendidos, injusticias... Sin embargo, el profeta proclama la increíble respuesta de Dios.

"Por tanto profetiza, y diles: Así ha dicho el Señor: He aquí, yo abro vuestros sepulcros, y os sacaré de vuestras sepulturas, y os traeré a la tierra de Israel (tierra de los vivientes). Y sabréis que yo soy el Señor, cuando abriré vuestros sepulcros, y os sacaré de vuestras sepulturas, pueblo mío. Y pondré mi Espíritu en vosotros, y viviréis, y os haré reposar sobre vuestra tierra; y sabréis que yo el Señor hablé, y lo hice, dice el Señor" (Ezequiel 37:12-14). "Y profeticé como me había mandado, y entró espíritu en ellos, y vivieron, y estuvieron sobre sus pies, *un ejército grande en extremo.*" (Ezequiel 37:10).

El apóstol Pablo, en su carta pastoral a Timoteo, expande nuestro entendimiento sobre lo que se requiere para reinar con nuestro Dios. "Si sufrimos, también reinaremos con él..." (II Timoteo 2:12). Uno de los propósitos del sufrimiento, en la vida del creyente, es que se desarrolle en él o en ella un espíritu y corazón de compasión y misericordia hacia el herido o el caído; y además, aprender a aborrecer con vehemencia la maldad, las artimañas y las obras del diablo. Es aquí donde se forman y forjan los poderosos intercesores y guerreros de oración. Y es por medio de ellos que se levantarán, aun de la tumba espiritual, multitudes que están presos detrás de las mismas puertas del infierno. Ésta debe ser la carga de los intercesores que Dios ha llamado, y que aún sigue llamando. Éstos *"reparadores de portillos"* aprenden a llevar cargas, sentir el dolor de otros, agonizar en el altar, confiar en las promesas de Dios, y ejercer una fe indómita no sólo a favor de sí mismos, sino también de sus familias, hermanos en la fe y por un mundo perdido y sin esperanza. Lo han aprendido mediante el Espíritu de Dios, y dentro del crisol de las aflicciones que han experimentado en sus propias vidas. Son ahora sacerdotes intercesores, siguiendo los pasos y ejemplo de su Señor.

"Porque ciertamente no tomó a los ángeles, sino a la simiente de Abraham tomó. Por lo cual, debía ser en todo semejante a los hermanos, *para venir a ser misericordioso y fiel Pontífice ante Dios,* para expiar los pecados del pueblo. Porque en cuanto él mismo padeció siendo tentado, es poderoso para socorrer a los que son tentados… Porque no tenemos un Pontífice que no se pueda compadecer de nuestras flaquezas; mas tentado en todo según nuestra semejanza, pero sin pecado. Lleguémonos, pues, confiadamente al trono de la gracia, para alcanzar misericordia, y hallar gracia para el oportuno socorro" (Hebreos 2:16-18; 4:15, 16).

Como ya lo hemos explicado, en los capítulos anteriores, Dios nos descentraliza usando las aflicciones de esta vida. Desmantela nuestro egoísmo paso a paso, hasta que nuestras vidas reflejen la misma imagen de Cristo.

Destetados de cosas nobles por medio de la persecución

Existen y, además, poseemos muchas cosas nobles en las cuales podemos depositar nuestra seguridad y confianza: nuestro ministerio, nuestro grupo, nuestras revelaciones, nuestra unción, nuestra gente, nuestras finanzas, nuestros dones y talentos, nuestra consagración, nuestras conferencias, seminarios y actividades, nuestros edificios, nuestros programas, nuestra popularidad, nuestros éxitos… Todas estas buenas cosas pueden, sutilmente, convertirse en vanagloria, autosuficiencia y hasta en ídolos. Necesitamos ser destetados y desatados de todo esto para que, en verdad, Él sea nuestro todo. Entonces, podremos entonar con entendimiento el himno que hemos cantado desde nuestra niñez:

Cristo es mi todo aquí, mi salvador,
Cristo es mi todo aquí, mi sanador,
El dio su vida por mí, cambió mi vivir,
Cristo es mi todo aquí, ¿qué dices de ti?

Hoy, más que nunca, observamos la mano de Dios haciendo esta obra, pues en todo lugar que viajamos, y para cualquier lado que volteamos, oímos el clamor por causa de la crisis económica en este país, de las pérdidas de casas, empleos y todas las complicaciones, presiones y problemas que se han creado. ¡Esto es bueno! No todos han sido afectados radicalmente por esta situación, porque apenas va desarrollándose este cambio de rumbo en los Estados Unidos de Norte América. ¿Acaso quiere Dios arruinarnos? ¡De ninguna manera! ¡Lo que él hace es quebrantar el orgullo y arrogancia de esta nación, como también la jactancia religiosa de multitudes de creyentes, para que seamos tenidos por dignos del reino de Dios! "Tanto, que nosotros mismos nos gloriamos de vosotros en las iglesias de

Dios, de vuestra paciencia y fe *en todas vuestras persecuciones y tribulaciones que sufrís. Una demostración del justo juicio de Dios, para que seáis tenidos por dignos del reino de Dios*, por el cual así mismo padecéis" (II Tesalonicenses 1:3-5). Nuestras persecuciones y tribulaciones son *una demostración del justo juicio* de Dios, para que seamos tenidos por dignos de su reino. Si logramos entender esto, aun nos *"gloriaremos en las tribulaciones, sabiendo que la tribulación produce paciencia; y la paciencia, prueba (experiencia), y la prueba, esperanza; y la esperanza no avergüenza;* porque el amor de Dios está derramado en nuestro corazón por el Espíritu Santo que nos es dado" (Romanos 5:3-5).

¿Persecución?

Hoy, también, se observan señales de la persecución que viene sobre la iglesia en el mundo occidental; y en nuestro mismo país de los Estados Unidos de Norte América, las cosas pueden cambiar; y, debido a cambios socio-políticos, están cambiando más rápido de lo que pensamos. Si se nos hace difícil creerlo, preguntémosle a nuestros hermanos que radican en ciudades fronterizas mexicanas, al igual que en otras ciudades de dicho país donde, a causa de las amenazas de violencia, secuestros y de las guerras del narcotráfico, se han cerrado cientos de templos de diversos grupos evangélicos.

Por nuestra parte, en los Estados Unidos de Norte América, nos puede llegar por ese medio u otro. Tenemos un presidente y administración actual, que se han convertido enemigos sutiles y no tan sutiles de la nación de Israel. Nuestro presidente y administración continúan presionando a Israel no solamente a ceder los territorios bíblicos de Samaria y Judea, sino también a regalar la mitad de la ciudad amada de Jerusalem. Es un gran peligro para cualquier nación seguir esta agenda, pues ensartan una aguja en la niña del ojo de Dios. Esta nación se acarrea juicio y maldición al tomar esta posición anti-semítica. ¿No le dijo Dios a Abraham, benditos los que te bendijeren, y malditos los que te maldijeren?

Hace veinte años había entre cien y doscientas mezquitas musulmanes en todo nuestro país. Hoy día, se han construido cerca de dos mil mezquitas; y se construyen a pasos vertiginosos muchas más, pues ciertas naciones musulmanas y un número grande y creciente de musulmanes pudientes y ciudadanos de este país, invierten millones de dólares para establecer mezquitas y escuelas del Islam en los Estados Unidos. La influencia de esta religión aumenta en forma antes no imaginable. De acuerdo con el Harvard Institute for Religion (Instituto Hartford para Religión), *el crecimiento del Islam, en los Estados Unidos, crece a "un paso casi sin paralelo."*

La iglesia en Norte América está, indisputablemente, involucrada e incluida en todo este escenario; y en cada ocasión que viene juicio sobre una nación, *es menester que el juicio comience por la casa de Dios.* Esto no es para mal, al contrario, es para bendición de la iglesia. Se acabará la tibieza, la apatía, los pleitos, las contiendas y las divisiones entre hermanos, porque habrá la necesidad de tomarse de la mano, por causa de la persecución que viene a la iglesia aquí en la América anglosajona, donde de ninguna manera se espera que ocurra tal cosa, pues aún se considera como algo imposible e inimaginable. Pero, ¿por qué esperar que llegue persecución? ¿Por qué no vivir hoy humillados, en el Espíritu y en la naturaleza del reino de Dios?

¿Por qué no hablar verdad en amor los unos con los otros, en lugar de enjuiciarnos, marginarnos y despreciarnos?

Para llevarnos al lugar de quebrantamiento y a una profunda humildad, ¿permitirá el Señor que se desate persecución sobre la iglesia en este país y en el mundo occidental? Como una respuesta en parte a esta pregunta, me ha llamado la atención escuchar de la boca de mis hermanos y amigos hispanos, anglos y afro-americanos, que aún sostienen la posición de un *rapto secreto*, las siguientes expresiones: "Parece que viene persecución a la iglesia en Norte América." "Quizás todo cambie radicalmente y ésta sea la última conferencia en que nos podamos ver y estar juntos." "De cierto y, sin ninguna duda, sufriremos persecución en este país." O sea, a pesar de su *posición futurista y pre-tribulacionista,* en cuanto a las profecías apocalípticas, *¡hay un presentimiento en ellos de que de repente todo puede cambiar!* Tomo estas expresiones como una señal de Dios, pues a pesar de una enseñanza, que ha asegurado y garantizado que los creyentes desaparecerán al cielo antes de que venga persecución y tribulación, él prepara y alerta los corazones de su pueblo; prueba de que nuestro Dios puede hablar al corazón de sus hijos aun a través de posiciones escatológicas equivocadas.

El desafío hecho a Israel, como resultado de una confrontación entre los profetas de Baal y Elías, el profeta de Dios, sigue hoy en pie, y nos reta a responder apropiadamente. El horno de la persecución nos provocará y forzará a confrontar todo lo inmundo e injusto. Al hacerlo, también romperemos el sistema híbrido, es decir, la mezcla que promueve hoy un reino distorsionado, dividido, tibio y de confusión entre el pueblo de Dios. "¿Hasta cuándo claudicareis vosotros entre dos pensamientos? Si el Señor es Dios, seguidle; y si Baal, id en pos de él" (I Reyes 18:21). En otras palabras, no mezclen lo uno con lo otro. No mezclen la naturaleza de un sistema con el otro. Seremos todos fríos o calientes. No habrá tibios ni tibieza. Nada entre medio. Todo estará bien definido. ¡Así debemos ser en el reino de Dios!

Abracemos el reino de Dios en su totalidad: naturaleza, estructura, propósito y virtud. Manifestemos *a este mundo perdido, hambriento y desesperado,* un reino de justicia, poder, gozo y paz. "Cuando el Señor hiciere tornar la cautividad de Sion, seremos como los que sueñan. Entonces nuestra boca se henchirá de risa, y nuestra lengua de alabanza. Entonces dirán entre las gentes: Grandes cosas ha hecho el Señor con éstos. Grandes cosas ha hecho el Señor con nosotros, estaremos alegres. Haz volver nuestra cautividad, oh Señor, como los arroyos del austro. Los que sembraron con lágrimas, con regocijo segarán. Irá andando y llorando el que lleva la preciosa simiente; mas volverá con regocijo, trayendo sus gavillas" (Salmo 126).

Conclusión

La meta de este libro no es marcar líneas, ni declarar que *"nosotros sí estamos en el sistema de Dios, y aquéllos no."* Mi propósito es que nos examinemos a la luz de las Sagradas Escrituras; que con la ayuda de Dios podamos corregir las obras de la carne, los conceptos erróneos y las actitudes negativas; que demos buenos frutos dentro de la estructura bíblica del reino, y manifestemos el fruto del Espíritu, que es la esencia misma del sistema de Dios; que cumplamos la Gran Comisión, la cual es ir, hacer discípulos, bautizar y enseñar a obedecer a Dios; que con la unción del Espíritu Santo podamos predicar las buenas nuevas a los pobres, destruir las obras del diablo, liberar a los cautivos, soltar a los presos, sanar a los quebrantados de corazón, dar vista a los ciegos...; y pregonar el año agradable del Señor, aparejando así un pueblo apercibido para su venida. "...que anunciéis las virtudes de aquel que os ha llamado de las tinieblas a su luz admirable" (I Pedro 2:9).

Comprender, que el sistema de Dios es el reino de Dios o el reino de los cielos, nos ha abierto el entendimiento para conocer, definir y aplicarlo amplia y apropiadamente. *Hemos definido, que todo sistema consiste, básicamente, de tres aspectos o factores fundamentales: naturaleza, estructura y propósito.* La esencia o naturaleza del Reino es el elemento predominante, pues éste no sólo puede florecer dentro de la estructura correcta, apropiada y bíblica, sino que también puede germinar, aparecer y sobrevivir aun donde existen estructuras erróneas. Esto no debe sorprendernos, pues lo espiritual e invisible es siempre el factor dominante y superior a lo visible, material y tangible.

Es evidente la superioridad de la naturaleza del reino de Dios; y cuando este reino es descrito en la Palabra, se le define específicamente por su naturaleza. "Que el reino de Dios (*sistema de Dios*) no es comida ni bebida, sino justicia y paz y gozo por el Espíritu Santo" (Romanos 14:17). Es identificado por sus valores, rasgos y características espirituales. También hemos entendido, que la terminología bíblica que define los valores, la ética, la esencia y naturaleza del reino de Dios, son las cualidades *del fruto del Espíritu.* "Mas el fruto del Espíritu es: amor, gozo, paz tolerancia, benignidad, bondad, fe, mansedumbre, templanza; contra tales cosas no hay ley" (Gálatas 5:21-23). Estas características espirituales reflejan la identidad de los hijos del Reino, y por esta razón es tan potente la naturaleza del reino de Dios.

El apóstol Pablo, en su carta a los Romanos, también la define y la describe de manera sencilla, práctica y fácil de entender. "Bendecid a los que os persiguen; bendecid y no maldigáis. Gozaos con los que se gozan, llorad con los que lloran. Unánimes entre vosotros. No altivos, mas acomodándoos a los humildes. No seáis sabios en vuestra opinión. No paguéis a nadie mal por mal, procurad lo bueno delante de todos los hombres. Si se puede hacer, cuanto está en vosotros, tened paz con todos los hombres. No os venguéis vosotros mismos, amados míos, antes dad lugar a la ira de Dios; porque escrito está: Mía es la venganza, yo pagaré, dice el Señor. Así que, si tu enemigo tuviere hambre, dale de comer; si tuviere sed, dale de beber; que haciendo esto, ascuas de fuego amontonas sobre su cabeza. No seáis vencido de lo malo, mas vence con el bien el mal" (Romanos 12:14-21). ¡El verdadero éxito en nuestras vidas se mide con esta medida!

Al contrario, la mentalidad moderna y el consenso predominante en la cultura de la iglesia de hoy, es que el éxito espiritual es definido por el crecimiento numérico de la congregación, fraternidad, organización o ministerio; por la excelencia de la predicación, la calidad de la música, los talentos y dones espirituales; por los edificios, las profecías, por doctrinas o verdades particulares... *Nada de esto tiene ningún valor* si no estamos siendo amoldados y hechos conformes a la imagen de Cristo. Así lo describe enfáticamente el apóstol Pablo en su carta a los Corintios. "Si yo hablase lenguas humanas y angelicales, y no tengo amor, *vengo a ser como metal que resuena, o címbalo que retiñe.* Y si tuviese profecía, y entendiese todos los misterios y toda ciencia; y si tuviese toda la fe, de tal manera que traspasase los montes, y no tengo amor, *nada soy.* Y si repartiese toda mi hacienda para dar de comer a los pobres, y si entregase mi cuerpo para ser quemado, y no tengo amor, *de nada me sirve.* El amor es sufrido, es benigno; el amor no tiene envidia, el amor no obra sinrazón, no se ensancha; no es injurioso, no busca lo suyo, no se irrita, no piensa el mal; no se huelga de la injusticia, mas se huelga de la verdad; todo lo sufre, todo lo cree, todo lo espera, todo lo soporta. El amor nunca deja de ser; mas las profecías se han de acabar, y cesarán las lenguas, y la ciencia ha de ser quitada...Y ahora permanecen la fe, la esperanza y el amor, estos tres dones, empero el mayor es el amor" (I Corintios 13:1-13).

Hemos hecho un análisis escritural y detallado sobre la naturaleza, estructura y propósito, *tanto del sistema de Dios, como del sistema de* hombre. Y confiamos que esto ayudará a nuestros estimados hermanos y lectores, para discernir cuál es su verdadera posición en el Reino. Si por razonamiento, sentido común o revelación, *algún hermano descubre y le es dado entender,* que no está en el sistema correcto, oramos y confiamos que, por la misericordia y gracia de Dios, pueda ser "librado de la potestad de las tinieblas y trasladado al reino de su amado Hijo; en el cual tenemos redención por su sangre, la remisión de pecados" (Colosenses 1:13,14). "Más si andamos en luz, como él está en luz, *tenemos comunión entre nosotros, y la sangre de Jesucristo su Hijo nos limpia de todo pecado"* (I Juan 1:7).

Por otro lado, tengo la firme convicción de que sí existe un remanente fiel que vive conforme a los valores, la esencia y la naturaleza del reino de Dios. Este remanente lo encontramos posicionado y ubicado en lugares estratégicos alrededor del mundo. Algunos de ellos son personas de renombre y prominencia, pero sencillos y humildes de corazón; aunque la mayoría son hombres y mujeres sin ningún reconocimiento o renombre, en cuyas vidas se refleja la imagen y el carácter de Cristo.

Estos pequeñitos son los que hacen grandes proezas por medio de la intercesión a favor de todo el pueblo de Dios, por la nación de Israel y por un mundo que gime buscando la salvación. "En aquel día el Señor defenderá al morador de Jerusalem; y el que entre ellos fuere flaco, en aquel tiempo será como David; y la casa de David como ángeles, como el ángel del Señor delante de ellos" (Zacarías 12:8). "El pequeño será por mil, el menor por gente fuerte. Yo el Señor a su tiempo haré que esto sea presto" (Isaías 60:22).

"Muchos serán limpios, y emblanquecidos, y purificados; mas los impíos obrarán impíamente, y ninguno de los impíos entenderá, pero entenderán los entendidos...Y los entendidos resplandecerán como el resplandor del firmamento; y los que enseñan a justicia la multitud, como las estrellas a perpetua eternidad" (Daniel 12:3, 10).

"Díceles Jesús: ¿Habéis entendido todas estas cosas? Ellos respondieron: Sí, Señor" (Mateo13:51).

Sobre el Autor

El pastor Efraim Valverde, es ministro de cuarta generación; ejerce liderazgo espiritual a nivel nacional e internacional; colabora como director de Ministerios Restauración, una fraternidad de iglesias y misiones, predominantemente hispanas, en los Estados Unidos, México, Centro y Sudamérica. Trabaja con un equipo de pastores, para ministrar a estas iglesias y misiones, a través de la radio, radio-internet, literatura, conferencias, seminarios, campamentos, grabaciones, audio-video, y las redes sociales; ocupa la posición de Presidente de la Mesa Directiva de Directores Regionales de la Fraternidad Cristiana Apostólica Mundial (AWCF por sus siglas en Inglés).

El pastor Valverde, funciona de manera confortable en el ámbito ejecutivo y administrativo, pero su pasión y sensibilidad es ayudar a los más necesitados y quebrantados de corazón; por tal motivo, ha viajado incansablemente para exponer la Palabra de Dios en los Estados Unidos, México, El Caribe, América Central, América del Sur, El Medio Oriente, África, La India y Asia. Es reconocido como un catalizador de ministros, ministerios y organizaciones; y ha trabajado en el ministerio pastoral y apostólico por más de tres décadas. Y, ciñendo todos estos ministerios, dirige a un ejército creciente de intercesores, que son llamados para guerrear en el campo espiritual, atravesando fronteras por medio de una línea diaria de oración telefónica, para apoyar la visión de Ministerios Restauración.

El pastor Efraim Valverde y su esposa Irene, residen en San Diego, CA. Son padres de tres hijos: Efraim III, Merisa, Jonathan; y abuelos de once preciosos nietos.

Anotaciones

Reinos en conflicto

En memoria

A la memoria de mi padre, pastor Efraim Valverde Sr., de quien, por la misericordia de Dios, he recibido una porción de gracia para expresar conceptos, inspiraciones y preceptos de la palabra de Dios; los cuales han sido forjados por el fuego de muchas aflicciones: "Pruebas que, en vez de ser derrota, han sido bendición."

www.ingramcontent.com/pod-product-compliance
Lightning Source LLC
LaVergne TN
LVHW052024080426
835513LV00018B/2148